Umgang mit sexueller Gewalt in Einrichtungen für Kinder und Jugendliche

Marc Allroggen
Jelena Gerke
Thea Rau
Jörg M. Fegert

Umgang mit sexueller Gewalt in Einrichtungen für Kinder und Jugendliche

Eine praktische Orientierungshilfe für pädagogische Fachkräfte

Dr. med. Marc Allroggen, geb. 1972. Seit 2008 Oberarzt am Universitätsklinikum Ulm, dort Komm. Sektionsleiter Institutsambulanz und Leiter des Bereichs Forensische Kinder- und Jugendpsychiatrie/-psychotherapie.

M.Sc. Jelena Gerke, geb. 1989. Seit 2016 wissenschaftliche Mitarbeiterin an der Klinik für Kinder- und Jugendpsychiatrie/-psychotherapie des Universitätsklinikums Ulm.

Dr. biol. hum. Thea Rau. Seit 2016 wissenschaftliche Mitarbeiterin an der Klinik für Kinder- und Jugendpsychiatrie/-psychotherapie des Universitätsklinikums Ulm.

Prof. Dr. med. Jörg M. Fegert, geb. 1956. Seit 2001 Ärztlicher Direktor der Abteilung für Kinder- und Jugendpsychiatrie/-psychotherapie des Universitätsklinikums Ulm.

Bibliografische Information der Deutschen Nationalbibliothek
Die Deutsche Nationalbibliothek verzeichnet diese Publikation in der Deutschen Nationalbibliografie; detaillierte bibliografische Daten sind im Internet über http://dnb.dnb.de abrufbar.

Hogrefe Verlag GmbH & Co. KG
Merkelstraße 3
37085 Göttingen
Deutschland
Tel. +49 551 999 50 0
Fax +49 551 999 50 111
verlag@hogrefe.de
www.hogrefe.de

Umschlagabbildung: © mediaphotos – iStock.com by Getty Images
Satz: Beate Hautsch, Göttingen
Druck: Media-Print Informationstechnologie GmbH, Paderborn
Printed in Germany
Auf säurefreiem Papier gedruckt

1. Auflage 2018

(E-Book-ISBN [PDF] 978-3-8409-2839-0; E-Book-ISBN [EPUB] 978-3-8444-2839-1)
ISBN 978-3-8017-2839-7
http://doi.org/10.1026/02839-000

Inhaltsverzeichnis

Einleitung – Aufbau des Buches **7**

1 Stand der Forschung **9**
1.1 Was ist sexuelle Gewalt? 9
1.2 Prävalenz 12
1.2.1 Sexuelle Gewalt im Jugendalter in der Allgemeinbevölkerung 12
1.2.2 Sexuelle Gewalt bei in Einrichtungen lebenden Jugendlichen 12
1.3 Sexueller Missbrauch durch Erwachsene 14
1.3.1 Entstehungsmodelle 14
1.3.2 Risiko- und Schutzfaktoren 15
1.3.2.1 Täterfaktoren 15
1.3.2.2 Risiken für eine Viktimisierung 16
1.3.2.3 Umfeldfaktoren 17
1.3.3 Strategien 17
1.4 Sexuelle Gewalt unter Kindern und Jugendlichen 19
1.4.1 Risiko- und Schutzfaktoren für übergriffiges Verhalten 19
1.4.2 Risiko- und Schutzfaktoren für eine Viktimisierung 21
1.4.3 Motive 22
1.5 Risiko- und Schutzfaktoren der Einrichtung 23
1.5.1 Institutionelle Risikofaktoren 23
1.5.2 Institutionelle Schutzfaktoren 26
1.6 Anzeichen und Folgen sexueller Gewalt 27
1.6.1 Anzeichen 27
1.6.2 Folgen 28
1.7 Disclosure 31
1.8 Präventionsansätze 34
1.8.1 Kindzentrierte Prävention 36
1.8.2 Präventionsansätze für Eltern, Fachkräfte und gesamte Einrichtungen 39

2 Handlungsempfehlungen 41
2.1 Prävention 41
2.1.1 Präventionsmaßnahmen 42
2.2 Intervention 44
2.2.1 Grundsätze im Umgang mit sexueller Gewalt 44
2.2.1.1 Dokumentation 47
2.2.1.2 Schweigepflicht 48
2.2.1.3 Selbstfürsorge und Privatsphäre 51
2.2.2 Einzelne Handlungsschritte 51
2.2.2.1 Intervention bei Beobachtung einer unangemessenen Situation 52
2.2.2.2 Gesprächsführung 54
2.2.2.2.1 Gespräch mit dem betroffenen Kind oder Jugendlichen 54
2.2.2.2.2 Gespräch mit dem übergriffigen Kind/Jugendlichen 58
2.2.2.2.3 Informieren der Eltern der beteiligten Kinder und Jugendlichen 60
2.2.2.3 Emotionale Belastungen und Krisen 62
2.2.2.4 Eigen- oder Fremdgefährdung 63
2.2.2.5 Interne Unterstützung im Team und der Einrichtung 63
2.2.2.6 Gefährdungseinschätzung 66
2.2.2.7 Externe Unterstützungsmöglichkeiten 67
2.2.2.7.1 Insoweit erfahrene Fachkraft 69
2.2.2.7.2 Einschalten des Jugendamtes 69
2.2.2.7.3 Einschalten der Strafverfolgungsbehörden 70
2.2.2.7.4 Psychiatrische, psychologische und ärztliche Hilfe 73

3 Fallbeispiele 75

Literatur 83

Anhang 91
Abkürzungsverzeichnis 93
Arbeitshilfe: Ansprechpersonen 94
Handlungsschritte in Kürze – Vier Flussdiagramme 95
Informationen, Anlaufstellen, Materialien und hilfreiche Literatur für Fachkräfte 102
Informationen, Anlaufstellen und Materialien für Jugendliche 108

Sachregister 110

Einleitung – Aufbau des Buches

Das Buch beinhaltet folgende Abschnitte:

1 Im ersten Kapitel werden *Begrifflichkeiten* sowie der *Stand der Forschung* zur Prävalenz sexueller Gewalt in der Allgemeinbevölkerung sowie in stationären Einrichtungen, zu Risiko- und Schutzfaktoren, zu Offenbarungsprozessen sowie zu Präventionsansätzen beschrieben.

2 Im zweiten Kapitel werden *Empfehlungen,* die sich an den Leitlinien des Runden Tisches „Sexueller Kindesmissbrauch in Abhängigkeits- und Machtverhältnissen in privaten und öffentlichen Einrichtungen und im familiären Bereich" (Abschlussbericht RTKM, 2011) orientieren, zur Prävention von sexueller Gewalt sowie zur Intervention im Falle sexueller Übergriffe in stationären Einrichtungen für Kinder und Jugendliche formuliert.

3 Das dritte Kapitel beinhaltet *Fallbeispiele,* anhand derer die Umsetzung der Handlungsempfehlungen exemplarisch dargestellt wird. Dabei ist zu beachten, dass jeder Fall unterschiedlich ist und die Reaktion je nach Fall individuell variieren kann.

4 Im Anhang finden sich vier *Flussdiagramme,* die den Ablauf einer Aufklärung von sexueller Gewalt oder der Vermutung eines sexuellen Übergriffs überblicksartig darstellen und der Orientierung dienen. Weiterhin gibt der Anhang zahlreiche Hinweise auf hilfreiche Materialien, Informationen und Anlaufstellen für Fachkräfte sowie speziell für Jugendliche.

1 Stand der Forschung

Sexualisierte Gewalt ist ein komplexes Phänomen, das eine Vielzahl unterschiedlicher Formen, wie z. B. sexuelle Übergriffe von Erwachsenen gegenüber Kindern, sexuelle Gewalt durch ältere Kinder und Jugendliche oder unter Gleichaltrigen, aber auch sexuell belästigendes Verhalten, umfasst. Dabei muss davon ausgegangen werden, dass in Einrichtungen lebende Kinder und Jugendliche in Deutschland überproportional häufig von Erfahrungen sexualisierter Gewalt betroffen sind (Helming, Kindler, Langmeyer, Mayer, Mosser, Entleitner & Wolff, 2011). In der Folge des sogenannten „Missbrauchsskandals" im Jahr 2010 ist das Thema in den Fokus der Öffentlichkeit und der Fachwelt gerückt. Mehrere zehntausend Betroffene meldeten sich im Zuge dessen und erzählten von ihren Erfahrungen. Am Runden Tisch „Sexueller Kindesmissbrauch in Abhängigkeits- und Machtverhältnissen in privaten und öffentlichen Einrichtungen und im familiären Bereich" wurden zudem Möglichkeiten zur Aufarbeitung der Vorfälle sowie Präventionsansätze diskutiert und festgehalten (Abschlussbericht RTKM, 2011).

Dieses Buch soll auf der Grundlage der Empfehlungen des Runden Tisches sowie den in den letzten Jahren gewonnenen Erkenntnissen zum Thema sexualisierte Gewalt im pädagogischen Kontext Mitarbeitende in Einrichtungen für dieses Thema nicht nur sensibilisieren, sondern insbesondere Handlungsmöglichkeiten in Zusammenhang mit sexualisierter Gewalt in Einrichtungen der Jugendhilfe aufzeigen.

1.1 Was ist sexuelle Gewalt?

In der Literatur und im allgemeinen Sprachgebrauch findet sich eine Vielzahl von verwendeten Begrifflichkeiten: „Sexueller Missbrauch", „sexuelle Misshandlung", „sexuelle Gewalt", „sexualisierte Gewalt" oder „sexuelle Übergriffe". Eine eindeutige und unumstrittene Bezeichnung hat sich bisher nicht durchgesetzt. Als sexueller Missbrauch von Kindern gilt jeder versuchte oder vollendete sexuelle Akt oder sexuelle Kontakt durch eine erwachsene (Bezugs- oder Betreuungs-)Person am Kind (kurze Berührungen an intimen Stellen bis hin zur Penetration) sowie sexuelle Interaktionen ohne Körperkontakt (Voyeurismus, Exhibitionismus, Zeigen oder Produzieren von pornografischem Material; Leeb, Paulozzi, Melanson, Simon & Arias, 2008). Aufgrund ihres körperlichen, kognitiven und psychischen Entwicklungsstandes sind Kinder nicht in der Lage, sexuelle Handlungen mit Bezugspersonen zu verstehen und können daher in diese auch nicht einwilligen. Sexuelle Gewalt umfasst auch sexuelle Handlungen durch andere Kinder und Jugendliche, wenn diese aufgrund des Alters oder Entwicklungsstandes in einer Verantwortungs-, Vertrauens- oder Machtposition sind und die Aktivität dazu dient, ihre Bedürfnisse zu befriedigen (WHO, 1999). Im Zuge der vorliegenden Ausführung werden die o.g. Begriffe synonym verwendet. Auch sexuell belästigendes Verhalten kann als sexualisierte Gewalt verstanden werden. „Sexuelle Belästigung" umfasst sowohl verbal (z.B. sexualisierte Bemerkungen, das unerwünschte Erzählen obszöner Witze) als auch körperlich (z.B. unerwünschtes Anfassen) übergriffiges Verhalten ebenso wie sexuell übergriffiges Verhalten über das Internet (sog. Cyberharassment).

Zentral bei der Initiierung sexueller Handlungen ist häufig die körperliche, psychische, kognitive und sprachliche Überlegenheit der Täter*innen. Betroffen von sexueller Gewalt im Zusammenhang mit Abhängigkeitsverhältnissen oder Machtgefällen sind also nicht nur Kinder, sondern auch Menschen in Betreuungs-, Beratungs- oder Behandlungsverhältnissen. Entsprechende Machtverhältnisse können von Psychotherapeut*innen und Ärzt*innen gegenüber ihren Patient*innen sowie von Pfleger*innen und Betreuer*innen gegenüber Menschen mit geistiger, seelischer oder körperlicher Behinderung ausgenutzt werden. „Professional Sexual Misconduct" (PSM) beschreibt sexuelle Übergriffe in professionellen Abhängigkeitsverhältnissen (Franke & Riecher-Rössler, 2011). Zusätzlich zu der Erfahrung sexueller Gewalt spielen hierbei insbesondere die Verarbeitung des Vertrauensbruches und Ambivalenzkonflikte bei den Betroffenen eine zentrale Rolle (Fegert, 2007).

Sexuelle Handlungen mit, an oder vor Personen, deren aktuelle Verfassung oder momentaner Entwicklungsstand kein wissentliches Zustimmen erlaubt, sind ebenfalls eine Form sexueller Gewalt. Das betrifft beispielsweise Personen mit geistiger Behinderung sowie Menschen unter Substanzeinfluss (z.B. Drogen, K.O.-Tropfen, Alkohol).

Selbstverständlich sind zudem alle sexuellen Handlungen, die unabhängig vom Alter der Beteiligten mit körperlicher oder anderer Gewalt (z.B. Erpressung, Drohungen) erzwungen werden, als sexuelle Gewalt zu verstehen.

Sexuelle Gewalt unter Kindern und Jugendlichen. Thematisiert werden soll in dieser Orientierungshilfe nicht nur sexueller Missbrauch durch Betreuungspersonen, sondern auch sexuelle Gewalt unter Kindern und Jugendlichen. Bei sexuellen Übergriffen unter Kindern und Jugendlichen ist es häufig nicht einfach, die Grenze zwischen sexuellen Übergriffen und freiwilligen sexuellen Handlungen (z.B. einvernehmlicher Geschlechtsverkehr unter Jugendlichen, spielerisches Erkunden der Geschlechtsteile unter jüngeren Kindern) zu erkennen. So bestehen bei vielen Jugendlichen, unter anderem durch einen sehr niederschwelligen Zugang zu pornografischem Material über das Internet, oftmals verzerrte Vorstellungen von Sexualität, die ebenso wie sozialer Druck oder (vermutete) Erwartungshaltungen der Gleichaltrigengruppe dazu führen können, dass Jugendliche sexuellen Handlungen zustimmen, obwohl sie diesbezüglich noch unsicher sind oder sie ablehnen. So kommt es häufig auch zu sexueller Gewalt in (jugendlichen) Partnerschaften. Einer der Partner*innen stimmt einer sexuellen Handlung möglicherweise nur aus Angst, den*die andere*n zu verlieren, oder aufgrund einer verzerrten Vorstellung darüber, wie Sexualität in einer Partnerschaft sein muss, zu.

Problematisch sind sexuelle Kontakte unter Kindern und Jugendlichen vor allem dann, wenn die Beteiligten sich deutlich im Alter und ihrer Entwicklung unterscheiden oder wenn es zum Einsatz von Gewalt oder Zwang kommt. Bei der Beurteilung eines Vorfalls müssen also Aspekte wie das Machtgefälle zwischen den Beteiligten, deren Entwicklungsstände, sowie Art und Häufigkeit des sexuellen Kontaktes, die Reaktionen auf eine Intervention in der Situation, mögliche Schäden für die Beteiligten und alters- und kulturspezifische Normen berücksichtigt werden (für eine Übersicht: Allroggen, 2015).

Zudem ist die Identifikation ausschließlicher „Täter*innen“ und „Opfer“ bei sexueller Gewalt unter Kindern und Jugendlichen nicht immer möglich, da viele Kinder und Jugendliche in verschiedenen Situationen sowohl sexuelle Gewalt erleben als auch ausüben. Insbesondere bei sexueller Gewalt in Peer-Gruppen ist es im Nachhinein schwer, einen Übergriff von einvernehmlichen sexuellen Handlungen zu unterscheiden und im Falle eines Übergriffs „Täter*in“ und „Opfer“ zu benennen, da sich die Verantwortlichkeit Einzelner durch die Gruppendynamik und den Gruppendruck überlagert. In solchen uneindeutigen Situationen darf es zu keiner voreiligen Kategorisierung in Täter*in und Opfer aufgrund von äußeren Merkmalen (Alter, sonstige Verhaltensauffälligkeiten) kommen (Allroggen, 2015).

Sexuelle Belästigung und Übergriffe durch Kinder und Jugendliche gegenüber Fachkräften. In Einrichtungen für Kinder und Jugendliche kommt es neben sexueller Gewalt durch Erwachsene an Minderjährigen und Übergriffen unter den Kindern und Jugendlichen auch zu Grenzverletzungen und Übergriffen gegenüber pädagogischen Mitarbeitenden durch die Kinder und Jugendlichen. Am häufigsten sind dabei Beschimpfungen und verbale Drohungen, jedoch kann es auch zu sexuellen Übergriffen bzw. Belästigungen kommen.

1.2 Prävalenz

1.2.1 Sexuelle Gewalt im Jugendalter in der Allgemeinbevölkerung

Die Zahl der Kinder und Jugendlichen, die aktuell in Deutschland von sexueller Gewalt betroffen sind, lässt sich schwer abschätzen. Aufgrund nur weniger aktueller Forschungsbefunde ist vor allem die Dunkelziffer, d.h. die Anzahl nicht offiziell gemeldeter Fälle, noch weitgehend unbekannt. Dies gilt vor allem für Übergriffe unter Kindern und Jugendlichen.

In einer retrospektiven Befragung des Kriminologischen Forschungsinstituts Niedersachsen (Bieneck, Stadler & Pfeiffer, 2011) ergab sich für eine repräsentative Stichprobe, dass 6,4 % der weiblichen Befragten und 1,3 % der männlichen Befragten vor ihrem 16. Lebensjahr von sexueller Gewalt mit Körperkontakt betroffen waren. Eine weitere repräsentative Befragung in Deutschland ergab, dass 12,6 % der Befragten in ihrer Kindheit von Bezugspersonen sexuell missbraucht wurden; 1,9 % berichteten von schweren sexuellen Übergriffen (Häuser, Schmutzer, Brähler & Glaesmer, 2011). Baier und Pfeiffer (2011) führten eine Studie mit Jugendlichen der 9. Jahrgangsstufe in Berliner Schulen durch. Dabei berichteten 12 % der Jugendlichen, dass sie in den letzten 12 Monaten sexuelle Belästigung, d.h. eine unsittliche Berührung, z.B. zwischen den Beinen oder an der Brust, erlebt haben. Eine schwerere Form sexueller Übergriffe – also durch Gewalt oder Androhung von Gewalt erzwungene sexuelle Handlungen – erlebten 2 % der befragten Jugendlichen während des letzten Jahres. Lediglich 1 % der Befragten beging selbst sexuelle Übergriffe innerhalb der letzten 12 Monate. In der Schweiz ergab eine repräsentative Befragung (Averdijk, Müller-Johnson & Eisner, 2011), dass ca. jede*r dritte Jugendliche irgendeine Form sexueller Belästigung *ohne* Körperkontakt erlebt hat. Das umfasst neben unangemessenen Berührungen auch verbale und schriftliche Belästigung sowie Belästigung über elektronische Medien (Cyberviktimisierung), das Weitergeben intimer Bilder und Exhibitionismus. Ungefähr jede*r siebte der Befragten gab an, bereits sexuelle Gewalterfahrungen mit Körperkontakt gemacht zu haben (Mädchen 22 %, Jungen 8 %). Selbst verübte Übergriffe berichteten 1 % der Mädchen und 7 % der Jungen. Insgesamt zeigte sich bei allen Studien eine höhere Prävalenz erlebter sexueller Gewalt für Mädchen.

1.2.2 Sexuelle Gewalt bei in Einrichtungen lebenden Jugendlichen

Das Risiko, sexuelle Gewalt zu erfahren, ist bei in Einrichtungen lebenden Kindern und Jugendlichen deutlich erhöht. Eine repräsentative Befragung des Deutschen Jugendinstituts von Mitarbeitenden und Leitungskräften in Einrichtungen in Deutschland (Helming et al., 2011) ergab für 41 % der Schulen, 49 % der Internate und 70 % der stationären Jugendhilfeeinrichtungen mindestens einen Verdachtsfall sexueller Gewalt unter Kindern oder Jugendlichen in der Einrichtung, durch eine an der Einrichtung tätige Person oder außerhalb der Einrichtung in den letzten drei Jahren. Leichte sexuelle Übergriffe wie z. B. Berührungen am Körper oder an den Geschlechtsteilen waren eingeschlossen. Verdachtsfälle sexueller Gewalt unter Kindern und Jugendlichen waren dabei in allen Einrichtungsarten häufiger als der Verdacht auf sexuelle Gewalt durch Mitarbeitende.

Im Rahmen des Forschungsprojekts „Sprich mit!“ (Allroggen, Rau, Ohlert & Fegert, 2017; Rau, 2015) wurden in Einrichtungen lebende Jugendliche im Alter von durchschnittlich 17 Jahren zu ihren sexuellen Gewalterfahrungen befragt. Insgesamt 57 % der Befragten gaben an, bereits irgendeine Form sexueller Gewalt erlebt zu haben. Sexuelle Belästigung (d. h. eine unfreiwillige Konfrontation mit pornografischem Material oder sexuellen Anzüglichkeiten, verbal oder nonverbal) wurde von 27 % der Befragten berichtet, 50 % erlebten Übergriffe ohne Penetration (Zeigen des Geschlechtsteils, Selbstbefriedigung vor anderen, Küsse, Berührungen von Brust, Po, Oberschenkelinnenseite oder Geschlechtsteilen) und 25 % berichteten von Übergriffen mit (versuchter oder vollendeter) Penetration (Eindringen mit Finger, Zunge, Gegenstand oder Penis). Knapp ein Drittel der betroffenen Kinder und Jugendlichen erlebte den ersten sexuellen Übergriff innerhalb der Einrichtung, in der sie momentan untergebracht waren. Dabei wurden die Übergriffe in den meisten Fällen von Freund*innen oder Bekannten (79 %) verübt. In knapp der Hälfte der Fälle (54 %) waren es Mitbewohner*innen. Übergriffe mit Penetration wurden dagegen überwiegend von Freunde*innen/Bekannten (69 %) aber auch fremden Personen (42 %) oder dem eigenen Partner bzw. der eigenen Partnerin (39 %) verübt.

Ein Viertel der Befragten (24 %) berichtete von eigenen sexuellen Übergriffen gegenüber anderen. Dabei kam es am häufigsten zu Übergriffen ohne Penetration (15 %). Sexuell belästigendes Verhalten zeigten die Befragten etwas seltener (12 %). Eigene Übergriffe mit Penetration wurden von knapp 5 % der Befragten berichtet. Ein Geschlechtervergleich zeigt, dass Jungen häufiger von selbst verübten Übergriffen berichten als Mädchen.

Betrachtet man den Zusammenhang zwischen eigenem sexuell aggressiven Verhalten und Erfahrungen sexueller Gewalt, zeigt sich, dass von den Jugendlichen, die Täter*in oder Opfer sexueller Gewalt waren, 29 % sowohl Täter*in als auch Opfer waren, während 62 % ausschließlich Opfer sexueller Gewalt wurden und lediglich 9 % nur sexuell aggressives Verhalten zeigten.

1.3 Sexueller Missbrauch durch Erwachsene

1.3.1 Entstehungsmodelle

Ein Entstehungsmodell für sexuelle Gewalt gegen Kinder hat Finkelhor (1984) vorgestellt. Darin sind vier Grundvoraussetzungen beschrieben. Die übergriffige Person muss die Motivation haben, ein Kind sexuell zu missbrauchen. Die Motivation kann entstehen, wenn das Kind ein emotionales Bedürfnis der übergriffigen Person erfüllt, die übergriffige Person durch das Kind sexuell erregt ist, oder wenn es keine oder nur unzureichende Alternativen gibt, sexuelle Impulse zu befriedigen. Innere Hindernisse, beispielsweise die eigene Impulskontrolle aber auch gesellschaftliche Moralvorstellungen, sowie äußere Hindernisse, z. B. die Aufsichtsperson des Kindes, müssen überwunden werden. Und schließlich muss die übergriffige Person den Widerstand des Kindes überwinden, was häufig durch Geschenke, Versprechungen, aber auch Drohungen oder Gewalt geschieht.

Viele weitere Entstehungsmodelle wurden seither aufgestellt. Marshall und Barbaree (1990) beschreiben biologische Einflüsse, Kindheitserfahrungen und den soziokulturellen Kontext des Täters bzw. der Täterin als wichtigste Faktoren in der Ätiologie sexueller Übergriffe. Hall und Hirschman (1992) beschreiben in ihrem *Quatripartite-Modell* physiologische sexuelle Erregung, sexuelle Gewalt rechtfertigende Kognitionen, einen negativen affektiven Zustand und Persönlichkeitsprobleme als motivationale Voraussetzungen, durch die das Risiko für aggressives Verhalten steigt. Brockhaus und Kolshorn (1993) kritisierten an den vorangegangenen Modellen, dass sie lediglich Täterfaktoren berücksichtigen und erstellten das „Drei-Perspektiven-Modell". Als Grundlage diente das oben beschriebene Vier-Faktoren-Modell von David Finkelhor. Brockhaus und Kolshorn integrierten soziologische Aspekte, die die Gesellschaft betreffen, sowie psychologische Aspekte mit Fokus auf das Individuum in das Modell. Das entstandene multifaktorielle Modell berücksichtigt die Täter-, Opfer- und Umfeldperspektive hinsichtlich Handlungsmotivation, Einstellungen und Überzeugungen sowie Handlungsmöglichkeiten bzw. Kosten-Nutzen-Abwägung. Die Tat kann für den*die Übergriffige*n abhängig von verschiedenen Faktoren erleichternd oder erschwerend sein (Täterfaktoren). Weiterhin gibt es beeinflussende Bedingungen hinsichtlich des Opfers, die dessen Widerstand hemmen oder begünstigen (Opferfaktoren). Dabei soll dem Opfer keinerlei Schuld oder Verantwortung zugeschrieben werden, es wird lediglich betont, dass das Opfer nicht handlungsunfähig und hilflos ist, wie in vielen anderen Modellen angenommen. Schließlich gibt es Faktoren, die präventive oder interventive Maßnahmen durch das soziale Umfeld begünstigen oder hemmen (Umfeldfaktoren) (Brockhaus & Kolshorn, 1993). Täter-, Opfer- und Umfeldfaktoren, die sexuellen Missbrauch durch Erwachsene bzw. sexuelle Übergriffe unter Kindern und Jugendlichen begünstigen bzw. erschweren, sind in den folgenden Kapiteln als Risiko- und Schutzfaktoren aufgelistet. Wichtige Umfeldfaktoren hinsichtlich Missbrauch in Institutionen werden zudem in Kapitel 1.5 beschrieben.

1.3.2 Risiko- und Schutzfaktoren

In der bisherigen Forschung wurde eine Vielzahl an Risikofaktoren mit der Entstehung von sexueller Gewalt in Verbindung gebracht. Die Betrachtung von Risikofaktoren dient einem besseren Verständnis von sexueller Gewalt an Kindern und Jugendlichen und soll zudem eine bessere Prävention bei besonders gefährdeten Gruppen ermöglichen. Weniger Beachtung fanden in der Forschung bisher Schutzfaktoren vor sexuellem Missbrauch.

Im Rahmen dieser Orientierungshilfe werden analog zum oben beschriebenen „Drei-Perspektiven-Modell" von Ulrike Brockhaus und Maren Kolshorn (1993) Täter-, Opfer- und Umfeldfaktoren unterschieden. Die Nennung der Opferfaktoren soll jedoch keinesfalls eine Mitverantwortung der Kinder und Jugendlichen suggerieren. Allein verantwortlich für sexuelle Übergriffe sind immer die Täter*innen.

1.3.2.1 Täterfaktoren

Familiäre und soziale Probleme in der eigenen Kindheit, z. B. Missbrauchs- und Misshandlungserfahrungen, eine strenge Erziehung sowie Einsamkeit sind Risikofaktoren dafür, gegenüber Kindern oder Jugendlichen sexuell übergriffig zu werden (Whitaker, Le, Hanson, Baker, McMahon, Ryan et al., 2008). Jespersen, Lalumière und Seto (2009) fanden in einer Überblicksarbeit, dass sexuell übergriffige Erwachsene deutlich mehr sexuelle Gewalterfahrungen in ihrer Kindheit gemacht hatten als Menschen, die keine sexuellen Übergriffe verübt haben. Ein hohes Funktionsniveau der Familie, soziale Unterstützung in der eigenen Kindheit sowie eine stabile Eltern-Kind-Beziehung sind aber Faktoren, die bei selbst erlebtem sexuellen Missbrauch davor schützen können, zu einem späteren Zeitpunkt übergriffig zu werden.

Pädophilie ist ein weiterer Risikofaktor für Missbrauchshandlungen. Dennoch stellen Missbrauchstäter*innen eine sehr heterogene Gruppe dar. Anders als häufig angenommen, ist Pädophilie mit sexuellem Missbrauch an Kindern nicht gleichzusetzen. Pädophilie beschreibt lediglich eine sexuelle Präferenz für vorpubertäre Kinder, die von vielen betroffenen Menschen, jedoch nicht allen, kontrolliert werden kann. Tatsächlich zeigen Untersuchungen, dass weniger als die Hälfte aller Täter*innen die Diagnose einer Pädophilie erfüllen (Blanchard, Klassen, Dickey, Kuban & Blak, 2001). Motive für sexuellen Missbrauch an Kindern oder Jugendlichen können neben einer pädophilen Neigung auch andere, wie z. B. die Kompensation einer konfliktbelasteten ehelichen oder intimen Beziehung (Whitaker et al., 2008), eine psychische Erkrankung oder eine sadistisch-aggressive Haltung, sein (Simkins, Ward, Bowman, Rinck & DeSouza, 1990). Auch emotionale Bedürftigkeit kann ein Motiv für sexuellen Missbrauch darstellen (Black, Heyman & Slep, 2001).

Ein weiterer Risikofaktor liegt in der Beziehung der Täter*innen zu ihrem Opfer: Übergriffige Personen sind häufig aus dem familiären Nahraum, jedoch eher kein Familienmitglied (Black et al., 2001; Averdijk et al., 2011; Schröttle, Hornberg, Glammeier, Sellach, Kavemann, Puhe & Zinsmeister, 2012). In einer Studie von Averdijk et al. (2011) zeigte sich, dass die übergriffigen Personen meistens „Partner*innen/ Verabredungen" (42 %) oder „Bekannte außerhalb von Partnerschaft oder Familie" (39 %) sind. Fremde (21 %) und Familienmitglieder (9 %) sind weniger häufig für sexuelle Übergriffe verantwortlich. Innerhalb der Kategorie der Familienmitglieder war eher selten der leibliche Vater, sondern vor allem ein anderes männliches Familienmitglied (Onkel, Cousin, Bruder etc.) oder der Stiefvater des Kindes oder der Lebenspartner der Mutter der Täter.

Als weitere risikobehaftete Täterfaktoren werden eine antisoziale Persönlichkeit und andere Verhaltensauffälligkeiten, v. a. Ängste, Depressionen und Selbstwertprobleme angesehen (Whitaker et al., 2008) sowie Arbeitslosigkeit, wenig Einkommen und eine geringe Bildung (Black et al., 2001).

1.3.2.2 Risiken für eine Viktimisierung

Mädchen und Frauen sind häufiger von sexueller Gewalt betroffen als Jungen und Männer, dementsprechend stellt weibliches Geschlecht einen Risikofaktor für sexuelle Übergriffe dar (Bieneck et al., 2011; Häuser et al., 2011). Besonders gefährdet sind auch Kinder und Jugendliche mit körperlichen oder geistigen Behinderungen, z. B. Blindheit, Taubheit oder mentaler Retardierung. Die erhöhte Vulnerabilität ergibt sich nach Westcott und Jones (1999) aus der erhöhten physischen, sozialen und/oder emotionalen Abhängigkeit von Kindern und Jugendlichen mit Behinderung, der häufigen institutionellen Pflege oder Unterbringung sowie den häufig bestehenden Kommunikationsschwierigkeiten (Westcott & Jones, 1999).

Frühere Missbrauchs- und Misshandlungserfahrungen stellen ebenfalls einen entscheidenden Risikofaktor für erneute (sexuelle) Gewalterfahrungen dar (Boney-McCoy & Finkelhor, 1995). Besonders Kinder und Jugendliche in Einrichtungen haben häufig bereits Gewalterfahrungen gemacht, die nicht selten auch zur Aufnahme in eine Einrichtung geführt haben, so dass diese besonders gefährdet sind, erneut sexuelle Übergriffe zu erfahren (Allroggen, 2016).

Weitere Risikofaktoren auf der Ebene des betroffenen Kindes bzw. Jugendlichen sind psychische Probleme und Verhaltensauffälligkeiten sowie eine geringe verbale Intelligenz und schlechte schulische Leistungen (für eine Überblicksarbeit siehe Black et al., 2001). Auch vermehrter Alkohol- und Drogenkonsum ist ein Risikofaktor für sexuellen Missbrauch (Davies & Jones, 2013).

Als schützende Faktoren beschreibt Bange (2015) ein hohes Selbstbewusstsein, ein positives Selbstkonzept und eine gute Selbstwirksamkeit des Kindes bzw. Jugendlichen. Außerdem nennt er gute schulische und sportliche Leistungen als Schutzfaktoren vor sexuellem Missbrauch.

1.3.2.3 Umfeldfaktoren

Hinsichtlich des Umfeldes von Kindern und Jugendlichen sind vor allem schwierige familiäre Verhältnisse Risikofaktoren für sexuellen Missbrauch. Substanzkonsum, Kriminalität und psychische Erkrankungen der Eltern werden in verschiedenen Studien als Risikofaktoren genannt (Putnam, 2003; Paradise, Rose, Sleeper & Nathanson, 1994). Auch belastete Beziehungen innerhalb der Familie, d. h. eine belastete Eltern-Kind-Beziehung sowie Eheprobleme oder alleinerziehende Eltern sind mit einem erhöhten Risiko eines sexuellen Missbrauchs assoziiert (Finkelhor, Moore, Hamby & Straus, 1997; Finkelhor & Baron, 1986; Putnam, 2003). Defizite in der Erziehungskompetenz, z. B. unangemessene Strafen oder eine Vernachlässigung der Aufsicht bis hin zu elterlicher Gewalt, finden sich ebenfalls in zahlreichen Studien als umfeldbezogene Risikofaktoren (Finkelhor et al., 1997; Finkelhor & Baron, 1986; Putnam, 2003). Weiterhin werden Missbrauchserfahrungen der Eltern (Finkelhor et al., 1997), Aufwachsen in Stieffamilien (Finkelhor & Baron, 1986) sowie eine soziale Isolation der Familie (Putnam, 2003) als Risikofaktoren beschrieben (Finkelhor & Baron, 1986; Putnam, 2003; siehe Black et al., 2001 für eine Übersicht). Es kann davon ausgegangen werden, dass Kinder und Jugendliche, die in einem schwierigen familiären Umfeld aufwachsen, besonders empfänglich für die Geschenke, Zuneigung und Aufmerksamkeit der Täter*innen sind. Zudem haben sie keine Vertrauensperson, der sie von Übergriffen erzählen können.

Eine vertrauenswürdige Bezugsperson innerhalb der erweiterten Familie, in der Schule oder unter den Freund*innen stellt einen großen Schutzfaktor dar, da diese Person für Kinder aus schwierigen familiären Verhältnissen eine Ansprechperson sein kann. Außerdem nennt Bange (2015) eine gute Eltern-Kind-Beziehung, die von emotionaler Wärme, Zuverlässigkeit und Unterstützung geprägt ist, als Schutzfaktor auf Ebene der Familie. Auch eine solche Beziehung zu einem Geschwisterkind oder einem anderen Erwachsenen wirkt schützend.

1.3.3 Strategien

Häufig nutzen Missbrauchstäter*innen zur Vorbereitung einer Tat und zur Annäherung an Kinder und Jugendliche in Einrichtungen eine Vielzahl an Strategien (Kuhle, Grundmann & Beier, 2015). So beginnt die Annäherung an potenzielle Opfer häufig mit der Auswahl eines Settings, bei dem gute Kontaktmöglichkeiten zu Kindern und Jugendlichen bestehen (z.B. Wahl eines Arbeitsplatzes in Kinder- und Jugendhilfeeinrichtungen). In Einrichtungen der stationären Jugendhilfe leben überwiegend Kinder, die bislang unter ungünstigen psychosozialen Bedingungen aufgewachsen sind und häufig negative Bindungserfahrungen gemacht haben und daher möglicherweise besonders bedürftig in Bezug auf Beziehungsangebote sind. Dieses Bedürfnis kann von Täter*innen leicht ausgenutzt werden. Nach Initiierung des Kontaktes folgt die Phase der Annäherung, in der durch vermehrte Aufmerksamkeit und Zuwendung gegenüber den ausgewählten Kindern oder Jugendlichen ein Vertrauensverhältnis aufgebaut wird. Häufig wird dann quasi beiläufig körperlicher Kontakt hergestellt und im Verlauf bis hin zu sexuellen Handlungen intensiviert. Sexuelle Übergriffe werden für die betroffenen Kinder kontextuell dadurch verschleiert, dass sie beispielsweise bei kleineren Kindern ins Spiel eingebaut oder bei älteren Kindern und Jugendlichen als „Vorbereitung auf das Erwachsensein" gerechtfertigt werden. Auch mithilfe von Geld und Geschenken oder Privilegien versuchen Täter*innen, Kinder bzw. Jugendliche gefügig zu machen. Bestimmte Rahmenbedingungen wie die Abwesenheit sozialer Kontrollen oder eine besondere Stellung des Täters bzw. der Täterin in der Einrichtung können die Übergriffe begünstigen.

Ein freundlicher und gefälliger Umgang mit Kolleg*innen gehört ebenfalls zu den Strategien von Missbrauchstäter*innen, um von eventuellen Verdachtsmomenten abzulenken, aber auch um Kontaktmöglichkeiten zu den Kindern und Jugendlichen zu schaffen, indem „netterweise" die unbeliebten Abend- und Wochenenddienste übernommen werden, in denen sie dann häufig die einzigen oder eine*r von wenigen pädagogischen Mitarbeitenden vor Ort sind.

Um den Übergriff zu verbergen und Heimlichkeit aufrechtzuerhalten, nutzen Täter*innen verschiedene Strategien. Neben einer sozialen Isolierung der Opfer von Mitbewohner*innen, Betreuer*innen und Freund*innen wird meist zusätzlich versucht, das Kind emotional unter Druck zu setzen. Mit Sätzen wie „Wenn du das erzählst, machst du dich lächerlich" wird zum Beispiel der Entzug von Privilegien oder Anerkennung angedroht. Eine weitere Möglichkeit, betroffene Kinder oder Jugendliche zur Verschwiegenheit zu bringen, ist ein Suggerieren von Katastrophenszenarien, in denen sie bei „Verrat" der sexuellen Handlungen Schuld seien, wenn z.B. die Mutter traurig ist oder sie in ein (anderes) Heim geschickt werden. Letztlich wird versucht, den betroffenen Kindern und Jugendlichen einzureden, dass sie verantwortlich für Konsequenzen des Übergriffs seien. Zur weiteren Absicherung, dass die betroffenen Kinder und Jugendlichen schweigen, suggerieren Täter*innen ihren Opfern häufig, dass ihnen im Falle eines Offenbaren der sexuellen Gewalt niemand glauben würde oder dass es ganz normal sei, was zwischen ihnen passiere. Vor allem in vertrauten Beziehungen, die für die Minderjährigen wichtig und positiv besetzt sind, finden diese Strategien leicht Anklang. Betroffene versuchen dann, die Beziehung zu schützen, und vertrauen sich deshalb eher keiner außenstehenden Person an. Die Furcht vor den angeblichen Folgen oder angedrohten Konsequenzen sowie die Verunsicherung über „richtig", „normal" und „falsch" sind zu groß. Zudem können sich Betroffene durch die verzerrte Wahrnehmung der Situation nicht mehr vorstellen, dass eine außenstehende Person hilfreich oder verständnisvoll reagieren könnte.

Sexuelle Übergriffe können aber, unabhängig von einem längerfristigen Annäherungsprozess und Aufbau einer Vertrauensbeziehung (sog. „grooming"), auch mittels körperlicher Gewalt oder Drohungen erzwungen werden. Daneben werden teilweise auch psychotrop wirkende Substanzen, wie z. B. Alkohol oder sogenannte K.O.-Tropfen eingesetzt, um eine Wehrlosigkeit oder eine verminderte Urteilskraft bei den Betroffenen herzustellen.

1.4 Sexuelle Gewalt unter Kindern und Jugendlichen

1.4.1 Risiko- und Schutzfaktoren für übergriffiges Verhalten

Auch bei Übergriffen unter Kindern und Jugendlichen ist weibliches Geschlecht mit einem höheren Risiko verbunden, sexuelle Übergriffe zu erfahren. Männliches Geschlecht ist dagegen eher mit einem Risiko für übergriffiges Verhalten verbunden. Der Zusammenhang von übergriffigem Verhalten und erlebter Viktimisierung ist sowohl bei Mädchen als auch bei Jungen groß (Fineran & Bolen, 2006). In der bereits erwähnten „Sprich mit!"-Studie (Allroggen et al., 2017; Rau, 2015) zeigte sich ebenfalls eine große Überschneidung: 29 % der befragten Jugendlichen waren sowohl Täter*in als auch Opfer, während 62 % ausschließlich Opfer sexueller Gewalt wurden und lediglich 9 % nur sexuell aggressives Verhalten zeigten.

Insbesondere für Jungen stellen eigene Missbrauchserfahrungen einen spezifischen Risikofaktor dar. Sie zeigen nach einem erlebten sexuellen Missbrauch häufig auffälliges und sexualisiertes Verhalten und identifizieren sich mit dem Täter (Wagman Borowsky, Hogan & Ireland, 1997). Männliche Kinder und Jugendliche, die gleichgeschlechtliche sexuelle Gewalt ausüben, haben zudem häufiger eine Vorgeschichte sexuellen Missbrauchs verglichen mit Jungen, die gegenüber Mädchen sexuell übergriffig werden (Worling, 1995).

Unabhängig davon, ob Kinder und Jugendliche, die später sexuell übergriffig werden, in ihrem eigenen häuslichen Umfeld körperliche oder sexuelle Gewalterfahrungen gemacht haben, sind viele in einem devianten und chaotischen Umfeld aufgewachsen, in dem ihnen gewalttätige Verhaltensweisen vorgelebt wurden. Neben der selbst erlebten Gewalt stellt eine solche Umgebung, in der keine verlässlichen Beziehungserfahrungen gemacht werden, einen weiteren Risikofaktor für sexuell übergriffiges Verhalten dar (Wagman Borowsky et al., 1997).

Bei sexueller Gewalt unter Kindern und Jugendlichen ist zwischen zwei Typen von übergriffigen Kindern/Jugendlichen zu unterscheiden: Solche, die gegenüber deutlich Jüngeren sexuell übergriffig werden (Child Offenders) und diejenigen, die sexuelle Gewalt gegenüber Gleichaltrigen ausüben (Peer Offenders). Die Forschung beschreibt einige Merkmale, die diese beiden Tätertypen unterscheiden. Child Offenders sind verglichen mit Peer Offenders häufiger psychopathologisch auffällig, haben mehr soziale Probleme und Mobbingerfahrungen. Außerdem haben sie ein schlechteres Selbstbild, sind im Durchschnitt jünger und belästigen häufiger Jungen als Mädchen (Hendriks & Bijleveld, 2004). Child Offenders haben zudem häufiger einen eigenen sexuellen Missbrauch erlebt, zeigen jedoch weniger delinquentes Verhalten und seltener eine nicht-sexuelle kriminelle Vergangenheit (Kemper & Kistner, 2010).

Weitere Risikofaktoren für übergriffiges Verhalten sind im Kasten aufgelistet.

Risikofaktoren für übergriffiges Verhalten

- Gewalt und Viktimisierung in der Familie (Fineran & Bolen, 2006; Bentovim, 1996; Wagman Borowsky et al., 1997)
- Viktimisierungserfahrungen der Mutter (Bentovim, 1996)
- Opfer psychischer oder körperlicher Gewalt (Elsner et al., 2008; DeGue et al., 2013; Tharp et al., 2013)
- Abwesenheit eines oder beider biologischer Elternteile (Bentovim, 1996; Elsner et al., 2008)
- Promiskuitives Verhalten, d.h. Partnerschaft im frühen Alter, frühe sexuelle Aktivität (Fineran & Bolen, 2006; Young et al., 2009)
- Delinquenz (Fineran & Bolen, 2006), antisoziales Verhalten (DeGue et al., 2013)
- Alkohol- und Drogenkonsum (Fineran & Bolen, 2006; Wagman Borowsky et al., 1997; DeGue et al., 2013)
- Kulturell und persönlich zugeschriebene Macht (Fineran & Bolen, 2006)
- Häufige Beziehungsabbrüche zu primären Bezugspersonen (Bentovim, 1996)
- Inadäquate freundschaftliche Beziehungen und schlechte Sozialisation, z.B. Mitgliedschaft in einer Gang (Wagman Borowsky et al., 1997), gewalttätige oder delinquente Peers (DeGue et al., 2013), Peergruppen, in denen sexuell übergriffige Einstellungen und Verhaltensweisen toleriert und normalisiert werden (DeGue et al., 2013)
- Soziale Isolation (Seto & Lalumière, 2010)
- Atypische sexuelle Interessen (Seto & Lalumière, 2010) und Fantasien, sowie deviantes sexuelles Verhalten (DeGue et al., 2013)
- Psychopathologische Probleme, wie Angst und ein geringes Selbstwertgefühl (Seto & Lalumière, 2010)

Als schützend vor sexuell übergriffigem Verhalten zeigte sich in einer Studie von Wagman Borowsky und Kolleginnen (1997) bei Jungen emotionale Gesundheit, soziale Integration sowie Verbundenheit mit Freunden und Erwachsenen aus der Gemeinde. Schutzfaktoren für Mädchen waren gute schulische bzw. akademische Leistungen. Weiterhin sind Empathie (Abbey, Parkhill, Clinton-Sherrod & Zawacki, 2007), Eltern mit einer guten Konfliktlösestrategie (Forbes & Adams-Curtis, 2001) sowie eine gute Schulatmosphäre, d.h. eine gute Schüler-Lehrer-Beziehung und eine positive Schulumgebung (DeGue, Massetti, Holt, Tharp, Valle, Matjasko & Lippy, 2013), schützende Faktoren im Hinblick auf sexuell übergriffiges Verhalten.

1.4.2 Risiko- und Schutzfaktoren für eine Viktimisierung

Risiko- und Schutzfaktoren bei von sexualisierter Gewalt Betroffenen wurden vor allem für sexuell belästigendes Verhalten untersucht. Weibliches Geschlecht gilt in vielen Studien als Risikofaktor, sexuelle Belästigung durch Gleichaltrige zu erfahren. Goldstein, Malanchuk, Davis-Kean und Eccles (2007) beschreiben in ihrer Studie, dass das besonders früh pubertierende Mädchen betrifft. Andere Studien (McMaster, Connolly, Pepler & Craig, 2002; Petersen & Hyde, 2009) fanden wiederum keine Geschlechterunterschiede im Erleben sexueller Belästigung unter Gleichaltrigen. Männliche Jugendliche erleben eher gleichgeschlechtliche sexuelle Belästigung, z.B. homophobe Beleidigungen, während weibliche Jugendliche eher von gegengeschlechtlicher sexueller Belästigung berichten (McMaster et al., 2002; Petersen & Hyde, 2009). McMaster et al. (2002) erklären das damit, dass gleichgeschlechtliches, häufig homophobes Beleidigen eher eine Art der verbalen Aggression als eine Form der sexuellen Belästigung ist. Gegengeschlechtliche sexuelle Belästigung gegen Mädchen ist dagegen sexuell motiviert und nimmt im Laufe der Adoleszenz – mit der sexuellen und körperlichen Entwicklung – zu. Ein weiterer Unterschied liegt darin, dass sowohl die Täter*innen als auch die Opfer gegen- sowie gleichgeschlechtlicher Belästigung häufig nicht die gleichen Personen sind (McMaster et al., 2002).

Auch die sexuelle Orientierung ist ein Risikofaktor für sexuelle Viktimisierung. Jugendliche mit einer nicht oder nicht ausschließlich heterosexuellen Orientierung, d.h. homosexuelle, bisexuelle oder unentschiedene Jugendliche, erleben häufiger sexuelle Belästigung durch Gleichaltrige als ihre heterosexuellen Mitschüler*innen (Williams, Connolly, Pepler & Craig, 2005).

Fineran und Bolen (2006) untersuchten Risikofaktoren für das Ausüben sowie für das Erleben sexueller Belästigung in der Schule. Sowohl für das Erleben als auch für das Ausüben sexueller Belästigung stellten Häufigkeit des Alkoholkonsums, Delinquenz, Gewalt und Viktimisierung in der Familie, kulturelle und persönliche Macht sowie Rachegedanken Risikofaktoren dar (Fineran & Bolen, 2006).

Eine problematische Peergruppe beschreiben Goldstein und Kolleginnen (2007) als Risikofaktor. In ihrer Studie zeigte sich, dass der Kontakt bzw. das Zugehören zu einer Gruppe, die anderes problematisches Verhalten, wie z.B. Stehlen und Schule schwänzen, zeigt, auch ein Risiko birgt, sexuelle Belästigung durch Peers zu erfahren. Dies gilt vor allem für Mädchen.

Schützende Faktoren vor sexueller Belästigung durch Peers sind nach Attar-Schwartz (2009) ein positives Schulklima sowie eine gute Beziehung zwischen den Lehrkräften und Schüler*innen einer Schule. Insgesamt werden in aktuellen Studien im Vergleich zu Risikofaktoren jedoch deutlich weniger Schutzfaktoren bezüglich sexueller Übergriffen unter Kindern und Jugendlichen beschrieben (Tharp et al., 2013).

1.4.3 Motive

Sexuelle Gewalt und allgemein aggressives Verhalten zeigen eine hohe Überschneidung, weshalb nicht ausgeschlossen werden kann, dass sexuelle Übergriffe durch Kinder und Jugendliche möglicherweise eine Facette eines generellen dissozialen Verhaltens darstellen (Allroggen, 2016). Pepler, Craig, Connolly, Yuile, McMaster und Jiang (2006) vermuten, dass sexuell belästigendes Verhalten einen Entwicklungsschritt hin zu aggressivem Verhalten darstellt und dazu genutzt wird, Macht in interpersonellen Beziehungen herzustellen.

Studien zeigen aber auch, dass sexueller Belästigung gegenüber dem anderen Geschlecht auch eine beziehungssuchende Komponente zugrunde zu liegen scheint, es sich also möglicherweise um einen sozial wenig geschickten Versuch des Beziehungsaufbaus handelt (AAUW, 2011; McMaster et al., 2002).

Die Dynamik in einer Gruppe Gleichaltriger spielt ebenfalls eine große Rolle bei der Entstehung von sexueller Belästigung oder Gewalt unter Kindern und Jugendlichen. Die Erwartungen der Gleichaltrigen können sexuell aggressives Verhalten sowohl begünstigen, als auch die Gefahr erhöhen, sexuelle Übergriffe zu erfahren. Einerseits kann die Gruppe jemanden zu sexuell belästigenden oder übergriffigen Verhaltensweisen überreden oder drängen (AAUW, 2011), andererseits besteht die Gefahr, dass Kinder oder Jugendliche sexuelle Handlungen dulden, weil sie die Erwartungshaltung der Gruppe erfüllen möchten. Darüber hinaus nehmen viele Jugendliche leichte, vor allem verbale Formen sexueller Belästigung als alltäglich und normal wahr (AAUW, 2011).

1.5 Risiko- und Schutzfaktoren der Einrichtung

In der bisherigen Forschung wurden verschiedene Schutz- und Risikofaktoren bezüglich sexueller Übergriffe durch Erwachsene auf Kinder und Jugendliche beschrieben. Dabei werden häufig Täter-, Opfer- und Umfeldfaktoren unterschieden. Bei sexuellem Missbrauch in Institutionen sind Umfeldfaktoren der Einrichtung sowie Gelegenheitsstrukturen besonders bedeutsam. Sie können Missbrauch begünstigen oder hemmen. Sind generelle Schutz- und Risikofaktoren der Einrichtung bekannt, kann in der eigenen Einrichtung auf diese Aspekte geachtet werden, um Risikofaktoren in der eigenen Einrichtung zu verringern und den Schutz zu verstärken.

1.5.1 Institutionelle Risikofaktoren

Bereits in ihrer grundlegenden Offenheit sowie ihrer Leitungsstruktur unterscheiden sich Einrichtungen stark voneinander. So gibt es sehr offene Einrichtungen mit kaum hierarchischer Struktur und wenigen Regeln, andererseits aber auch sehr geschlossene, sozial isolierte Einrichtung mit strikten Regeln. Claudia Bundschuh (2010) beschreibt die Problematik beider Extreme. In weitgehend geschlossenen Einrichtungen gibt es wenige Möglichkeiten des Austausches mit dem sozialen Umfeld und anderen sozialen Systemen. Das pädagogische Grundprinzip geschlossener Systeme beinhaltet die Förderung der Gemeinschaft und Familienähnlichkeit, wodurch die Kinder Nähe, Geborgenheit, Wärme, Zugehörigkeit und weitere Grundbedürfnisse erfahren sollen. Jedoch birgt diese Nähe und gleichzeitige Isolation der Einrichtung die Gefahr, dass Geschehnisse weder innerhalb der Institution noch extern besprochen werden können. Den Fachkräften kommt durch die Geschlossenheit eine weitreichende Kontrolle und Macht zu. „Die jungen Menschen fühlen sich zu großer Loyalität gegenüber den Fachkräften [und der Einrichtung] verpflichtet und stellen bei Problemsituationen in erster Linie sich selbst, ihre Persönlichkeit und ihre Kompetenzen, in Frage“ (Bundschuh, 2010, S. 48). Andererseits birgt auch ein weitgehend offenes System Risiken, wie Bundschuh beschreibt. Entsprechende Einrichtungen sind leicht zugänglich, sodass es für Täter*innen leicht ist, beispielsweise im Rahmen einer ehrenamtlichen Tätigkeit Zugang zu Kindern zu bekommen. Unklare Verantwortungsstrukturen und wenig transparente Kommunikations- und Regelstrukturen erschweren die Suche nach Hilfe für die Kinder und Jugendlichen und begünstigen so die Annäherung von Täter*innen (Bundschuh, 2010).

Neben den Systemeigenschaften der Institutionen können auch Leitungsstrukturen Risiko- oder Schutzfaktoren für sexuellen Missbrauch darstellen. Marie-Luise Conen (1995) beschreibt das Risiko von sehr rigiden und autoritären Leitungsstrukturen, die wenig emotionale Unterstützung bieten. Problematisch an sehr autoritären und strikten Strukturen ist, dass es wenige Möglichkeiten für eine fachliche Entwicklung der Mitarbeiter*innen gibt. Das Personal ist dementsprechend gering qualifiziert und findet sich häufig in Situationen der Überforderung. Unterstützung, z.B. durch Supervisionen, gibt es meist nicht. Das Klima ist von Härte, Kälte und Geringschätzung geprägt. Hier besteht nach Conen die Gefahr, dass fehlende Nähe, Verständnis, Anerkennung und Wertschätzung vonseiten der Mitarbeitenden in intensiven privaten Gesprächen und sexuellen Beziehungen mit den Jugendlichen gesucht werden. Weitgehend geschlossene Systeme bieten nach Bundschuh (2010) eine besonders gute Möglichkeit, ein solches Leitungsverhalten umzusetzen. Jedoch beschreibt Conen auch die Probleme des anderen Extrems – sehr offene, wenig strukturierte Leitungsstrukturen. Hier wird Wert auf Gleichheit und Gleichrangigkeit der Kolleg*innen gelegt, Qualifizierungsmaßnahmen werden von meist hochmotivierten und kompetenten Mitarbeitenden gerne besucht. Jedoch herrscht Konkurrenz und mangelnde Abgrenzung der Tätigkeitsbereiche, wodurch entsprechende Auseinandersetzungen an der Tagesordnung sind (Conen, 1995). Für die Kinder und Jugendlichen sowie für die Mitarbeitenden sind so weder klare Verantwortungsbereiche noch Kommunikationsweisen und Regeln zu erkennen, was das Hilfesuchen im Falle eines Übergriffs oder einer Vermutung erschwert. Zudem ist es für Täter*innen einfach, in eine entsprechende Einrichtung ohne das notwendige strukturierte Einstellungsverfahren, eine Zusatzvereinbarung bzgl. (sexueller) Gewalt und das Vorlegen eines erweiterten Führungszeugnisses hineinzukommen. Fehlende Wertschätzung und Anerkennung, sowie ein Mangel an Rückmeldung und Kontrolle kann auch hier sexuelle Missbrauchstaten begünstigen (Bundschuh, 2010).

Jedoch sind auch Einrichtungen, deren Systemeigenschaften und Leitungsstrukturen sich nicht an einem der Extreme bewegen, nicht sicher vor sexuellen Missbrauchshandlungen. Ein weiterer Risikofaktor ist das in Erziehungs- und Betreuungsverhältnissen stets vorhandene Machtgefälle zwischen Betreuungspersonen und Kindern und Jugendlichen (Bundschuh, 2010). Dieses Machtverhältnis muss gut reflektiert werden – sowohl eine Tabuisierung des Themas als auch eine Verleugnung des Machtüberhangs vonseiten der Fachkräfte sind ungünstig. Pädagogische Fachkräfte müssen sich über ihre Stellung gegenüber den Kindern im Klaren sein und sie im Einrichtungsalltag sowohl für sich reflektieren als auch im Team zum Thema machen (Allroggen, 2016).

Auch unzureichende Auseinandersetzungen und Formulierungen von Leitlinien bezüglich des Umgangs mit Nähe und Distanz können einen Missbrauch wahrscheinlicher machen (Allroggen, 2016; Bundschuh, 2010). In stationären Einrichtungen herrscht häufig eine familiäre Atmosphäre und die Bewohner*innen suchen Nähe, Zuwendung und Geborgenheit – sowohl bei Mitbewohner*innen als auch bei den pädagogischen Fachkräften. Eine fürsorgliche Erziehung ohne eine enge Beziehung und ein gelegentliches in den Arm nehmen und Trösten ist kaum möglich – im Gegenteil, eine gewisse Körperlichkeit für einen liebevollen familiären Umgang ist gewünscht und wichtig. Eine enge pädagogische Beziehungsarbeit ist wichtig und führt nicht zu Grenzüberschreitungen. Vielmehr sind Grenzüberschreitungen von den Täter*innen intendiert und die Nähe in der pädagogischen Arbeit wird instrumentalisiert, d.h. die Beziehung wird sexualisiert, um durch die Herstellung von Nähe der Bedürfnisbefriedigung von Erwachsenen zu dienen. Ein adäquater und den altersentsprechenden Bedürfnissen der Kinder und Jugendlichen angepasster Umgang ist also geboten. Daher sind besonders in stationären Einrichtungen klare Absprachen und Leitlinien im Umgang mit Nähe und Distanz wichtig. Sind Fachkräfte sich über diesen Umgang bewusst, können sie auch den Kindern und Jugendlichen eine Orientierung darin geben, wie sie mit Nähe umgehen sollen – und vor allem auch, dass sie ein Recht auf Distanz haben. Sind klare Einigungen im Umgang mit Nähe und Distanz getroffen und auch an die Kinder vermittelt, wird eine Manipulation (z.B. Darstellen der sexuellen Handlung als normal, notwendig oder selbstverschuldet) der Kinder vonseiten der Täter*innen erschwert.

Mit dem Nähe-Distanz-Verhalten der Jugendlichen untereinander muss sensibel umgegangen werden. Körperliche Nähe ist auch hier wichtig und kann einen liebevollen Umgang untereinander darstellen, muss aber unbedingt auf Einvernehmlichkeit basieren.

Kritische Situationen können entstehen, wenn die Mädchen und Jungen ausgehend von einer besonderen emotionalen Bedürftigkeit sexualisiertes oder zum Austesten der Grenzen der Mitarbeitenden provokantes Verhalten zeigen. So kommt es möglicherweise – vor allem bei unerfahrenen Fachkräften – zu unangemessenen Reaktionen, (unbewusstem) Ausnutzen des vorhandenen Machtgefälles aufgrund des Altersunterschiedes oder auch einem gewollten Ausnutzen der Hilflosigkeit der Kinder. Vor allem in stationären Einrichtungen muss also sehr bewusst mit dem Nähe-Distanz-Verhältnis zu den Kindern und Jugendlichen umgegangen werden.

Fehlende sexualpädagogische Konzepte stellen ebenfalls einen Risikofaktor dar (Allroggen, 2016; Bundschuh, 2010). In entsprechenden Konzepten sollte in gemeinsamer Erarbeitung von Leitung und Mitarbeitenden festgelegt werden, in welcher Form das Thema Sexualität mit den Kindern und Jugendlichen bearbeitet und besprochen wird. Zudem fehlt in Einrichtungen häufig eine Offenheit gegenüber dem Thema Sexualität und es wird im Alltag umgangen. Auch eine häufig vorkommende erotische Anziehung zwischen den Kindern/Jugendlichen und den Betreuungspersonen darf nicht tabuisiert werden (Bange, 2015). Eine solche notwendige Vermittlung von Wissen und Werten im Bereich der Sexualität findet in Einrichtungen für Kinder und Jugendliche zu selten statt und so haben die Kinder keine Möglichkeit, sexualisiertes Verhalten als solches zu erkennen und von entsprechenden Erfahrungen zu berichten. Dieses fehlende Wissen bietet eine

Möglichkeit für Täter*innen, die Kinder in Fragen der Nähe und Distanz sowie der Sexualität zu manipulieren.

Ein fehlendes Beschwerdemanagement für die Kinder, Jugendlichen und Mitarbeitenden, fehlende Transparenz der pädagogischen Arbeit, kein standardisierter Ablaufplan im Umgang mit Verdachtsfällen sexuellen Missbrauchs sowie eine Unkenntnis der Mitarbeitenden über Beratungsmöglichkeiten bei einer unabhängigen Stelle, z. B. durch die insoweit erfahrene Fachkraft, nennt Bange (2015) unter anderen als weitere Risikofaktoren auf Träger- und Leitungsebene. Risikofaktoren auf Ebene der Mitarbeitenden beinhalten nach Bange unzureichende Trennung von persönlichen und beruflichen Kontakten, private Kontakte zu den Kindern, sexualisierte Kommunikation und sexuell übergriffiges Verhalten unter den Mitarbeitenden sowie eine fehlende Selbstreflexion, Streitkultur und Kritikfähigkeit. Als Risikofaktoren beim pädagogischen Konzept beschreibt Bange u. a. eine pädagogische Orientierung an traditionellen Geschlechterrollen, fehlende Präventionsarbeit, Vernachlässigung der Rechte und Mitbestimmungsmöglichkeiten der Kinder und Jugendlichen, sowie eine geringe Beteiligung der Eltern.

Ausbleibende Sanktionen nach Grenzverletzungen sowie eine Verharmlosung sexueller Handlungen unter Kindern und Jugendlichen sind besonders für sexuelle Gewalt unter Kindern und Jugendlichen ein Risikofaktor (Allroggen, 2015, 2016).

1.5.2 Institutionelle Schutzfaktoren

Schützende Faktoren im Hinblick auf sexuellen Missbrauch sind nach Bange (2015) klare Leitungsstrukturen, die den Mitarbeitenden eine Orientierung bzgl. ihrer Aufgaben geben. Im Rahmen dessen sollte ein Verhaltenskodex hinsichtlich (sexueller) Gewalt vorliegen, in dem deutlich wird, dass sexuelle Übergriffe nicht toleriert werden. Auch sind eine gemeinsam entwickelte und stets reflektierte pädagogische Grundhaltung sowie Regeln im Umgang miteinander wichtig. Konzepte im Umgang mit Nähe und Distanz, Sexualpädagogik sowie im Umgang mit (Verdachts-)Fällen sollten vorhanden sein. Eine Beteiligung und Mitbestimmung der Kinder und Jugendlichen stärkt ihre Selbstwirksamkeit und stellt somit einen Schutzfaktor für Missbrauch dar. Externe Hilfemöglichkeiten sollten bekannt sein und in Anspruch genommen werden, d. h. Kinder und Jugendliche sowie Mitarbeitende sollten externe Beratungsstellen kennen und erreichen können, Fortbildungen durch externe Fachkräfte sollten angeboten werden und eine externe Beratung sollte bei Verdachtsfällen hinzugezogen werden (Bange, 2015). Die am Runden Tisch beschriebenen Mindeststandards beschreiben im Rahmen der Präventionsmaßnahmen ebenfalls eine Beteiligungs- und Partizipationsmöglichkeit für die Jugendlichen sowie die Kenntnis interner und externer Beschwerdeverfahren und Ansprechpersonen als wichtige präventive Maßnahme. Zudem werden geschlechts- und zielgruppenspezifische Angebote und Aufklärung sowie eine Verankerung der Trägerhaltung im Einstellungsprozess neuer Mitarbeiter*innen als Präventionsmaßnahme empfohlen (Abschlussbericht RTKM, 2011).

Die genannten Faktoren sind mögliche Schutzfaktoren, die dabei helfen können, die Entstehung von sexuellen Übergriffen unter Kindern und Jugendlichen sowie sexuellen Missbrauch durch Erwachsene zu verhindern. Dennoch kann es in jeder Einrichtung zu einem Übergriff oder Missbrauch kommen. Deshalb ist es vor allem wichtig, hinzuhören und den Kindern und Jugendlichen sowie der eigenen Wahrnehmung zu vertrauen und zu handeln, wenn ein solcher (Verdachts-)Fall auftritt. Dabei dürfen sexuelle Handlungen nicht verharmlost werden.

In der Studie „Ich bin sicher!" des Forschungsverbundes der Universität Hildesheim, der Hochschule Landshut und dem Universitätsklinikum Ulm (Wolff, Schroer & Fegert, 2017) wurde erforscht, ob sich Kinder und Jugendliche in ihrer Einrichtung sicher fühlen. Es wurden also keine Schutzfaktoren für sexuellen Missbrauch angeschaut, d.h. welche Faktoren die Anzahl der Missbrauchsfälle reduzieren, sondern es wurde erfragt, ob Kinder und Jugendliche sich sicher *fühlen*. Es zeigte sich, dass das subjektive Sicherheitsgefühl von Kindern und Jugendlichen in Einrichtungen insgesamt hoch ist – unabhängig vom Geschlecht und der Art der Institution. Sowohl Betreuungspersonen als auch die Kinder und Jugendlichen selbst schätzten dies so ein. Vor allem *innerhalb* der Einrichtung empfinden sowohl Fachkräfte als auch die Kinder und Jugendlichen ein hohes Sicherheitsgefühl; Gefahren wurden vor allem außerhalb der Einrichtung vermutet. Die Gefahr durch Übergriffe innerhalb der Einrichtung, d.h. vonseiten der pädagogischen Fachkräfte und Mitbewohner*innen, wurde dabei insgesamt unterschätzt (Allroggen, Domann, Strahl, Schloz, Fegert & Kampert, 2016).

1.6 Anzeichen und Folgen sexueller Gewalt

1.6.1 Anzeichen

Eine gültige Liste von Symptomen oder sicheren Hinweisen auf sexuelle Gewalt kann es nicht geben, denn die möglichen Folgen für die Betroffenen sind sowohl von individuellen Faktoren der Betroffenen, wie z.B. Alter, Entwicklungsstand, der bisherigen psychischen Entwicklungsgeschichte und den genetischen Anlagen, abhängig als auch von der Art und Schwere des Übergriffs. Die Reaktionen der Betroffenen unterscheiden sich also stark: Es gibt Betroffene sexuellen Missbrauchs, die deutliche Verhaltensänderungen aufweisen oder psychische Symptome entwickeln, während andere unauffällig bleiben. Eine Liste all dieser möglichen Veränderungen und Symptome wäre jedoch keine Hilfe beim Erkennen sexueller Gewalt, da diese unspezifisch für sexuellen Missbrauch ist und auch auf andere negative Kindheitserlebnisse oder Misshandlungserfahrungen anzuwenden wäre. Die wichtigsten Hinweise auf sexuellen Missbrauch ergeben sich aus Gesprächen mit den vermutlich Betroffenen und ggf. ihren Bezugspersonen.

Auffälligkeiten und Verhalten nach sexuellen Gewalterlebnissen

- Betroffene eines sexuellen Missbrauchs zeigen nicht immer Verhaltensauffälligkeiten, sondern können im Alltag auch unbelastet wirken.
- Mögliche Verhaltensauffälligkeiten zeigen sich nicht immer direkt nach dem Missbrauch; sie können auch zeitverzögert auftreten.
- Auch ein „positives" Verhalten kann in der Folge sexueller Gewalt auftreten (z. B. starke Leistungsorientierung, besonders angepasstes Verhalten).
- Häufig ist ein starker Wechsel in Stimmung und/oder Verhalten zu beobachten, der oftmals abhängig vom Kontext ist; d. h. es gibt große Unterschiede in der Schule und zu Hause.
- Sexualisierte Verhaltensweisen bei Kindern oder promiskuitives Verhalten bei Jugendlichen können eine Folge von sexueller Gewalt sein.
- Bevor Betroffene sich jemandem anvertrauen, testen sie meistens zunächst durch Andeutungen und Hinweise, ob die ausgewählte Person vertrauenswürdig ist und wie sie auf Andeutungen reagiert.
- Viele vertrauen sich jedoch nur ihren Freund*innen an, die sich daraufhin evtl. an eine Betreuungsperson wenden.

1.6.2 Folgen

Sexueller Missbrauch ist mit zahlreichen und schwerwiegenden möglichen Folgen assoziiert, durch die die körperliche und psychosoziale Entwicklung der Opfer lebenslang beeinträchtigt werden kann. Derartige Folgen unterscheiden sich je nach Person und Umständen stark. Kinder und Jugendliche mit hoher psychologischer Widerstandsfähigkeit und guten persönlichen Ressourcen (Resilienz) können ein Ereignis sexueller Gewalt möglicherweise recht gut überstehen, während andere Schwierigkeiten in der Alltagsbewältigung, emotionale Probleme, aber auch psychopathologische Symptome oder psychosomatische Beschwerden entwickeln. Neben der Resilienz der Kinder und Jugendlichen spielen aber z. B. auch die Häufigkeit des Missbrauchs, die Intensität, die Opfer-Täter-Beziehung, die im Anschluss erlebte soziale Unterstützung, aktuelle Lebensumstände und viele andere Faktoren eine Rolle.

Letztendlich gibt es nicht *die eine* Folgesymptomatik bei sexuellem Missbrauch. Dennoch soll im Folgenden ein Überblick über häufig auftretende Probleme gegeben werden. Die Verhaltensänderungen und Symptome, die als Missbrauchsfolge auftreten können, sind dabei weder notwendig noch hinreichend für die Feststellung eines sexuellen Missbrauchs und dürfen somit nicht als *eindeutige* Hinweise auf einen sexuellen Übergriff bewertet werden.

Auf körperlicher Ebene können Rötungen, Risse oder Infektionen im Intimbereich als Folge eines Übergriffs auftreten. Auch Verletzungen oder Hämatome an den Innenseiten der Oberschenkel können eine Missbrauchsfolge sein. Sexuell übertragbare Krankheiten sowie eine Schwangerschaft können ebenfalls auf sexuellen Missbrauch folgen (Goldbeck, 2015). Auf langfristige körperliche Folgekrankheiten (z. B. gynäkologische Erkrankungen, Schmerzerkrankungen sowie ein schlechter genereller Gesundheitszustand) wird an dieser Stelle nicht näher eingegangen.

Sexuelle Missbrauchserlebnisse gehen häufig mit Einschüchterung, Bedrohung und Zwang einher und führen bei den Betroffenen zu Hilflosigkeit und Angst. Sexuelle Übergriffe werden somit als traumatische Ereignisse eingeordnet und können eine akute Belastungsreaktion oder eine posttraumatische Belastungsstörung auslösen (APA, 2013). Eine akute Belastungsreaktion ist eine normale psychische Reaktion nach Extrembelastungen. Durch eine unvollständige Verarbeitung des Erlebten kann es zu verschiedenen akuten Symptomen kommen, wie beispielsweise Gefühle von Desorientierung, einem veränderten Bewusstsein oder einem „Betäubtsein". Auch Stimmungsschwankungen, Reizbarkeit und Hyperaktivität sowie Minderungen des Selbstwertgefühls und Selbstkonzepts, depressive Verstimmungen, Zurückgezogenheit, Ängste und unangemessenes Sexualverhalten können anfängliche Folgen eines Missbrauchs sein (Browne & Finkelhor, 1986). Nach einigen Tagen oder Wochen, wenn die Stresssituation überstanden ist, gehen auch die Symptome einer akuten Belastungsstörung zurück. Eine Behandlung ist dafür meist nicht nötig.

In der Folge eines sexuellen Missbrauchs kann es auch zum Auftreten einer Posttraumatischen Belastungsstörung (PTBS) kommen (Briere & Elliott, 1994; Wilson, 2010). Eine PTBS ist gekennzeichnet durch das ungewollte innerliche Wiedererleben des Traumas, eine Vermeidung traumaassoziierter Reize, eine Verschlechterung der Gedanken und der Stimmung im Zusammenhang mit dem erlebten Trauma sowie durch eine vegetative Übererregbarkeit (APA, 2013).

Darüber hinaus können im Sinne einer Traumafolgestörung alle möglichen psychischen Störungen wie Depression, Angststörungen oder aggressive Verhaltensstörungen auftreten (Briere & Elliott, 1994; Browne & Finkelhor, 1986; Fergusson, Lynskey & Horwood, 1996). Auch Schlafstörungen treten vermehrt bei Missbrauchsopfern auf (Steine, Harvey, Krystal, Milde, Grønli, Bjorvatn et al., 2012).

Eine (bewusste oder unbewusste) Vermeidung der Auseinandersetzung mit dem Missbrauch ist eine häufige Reaktion, da so Gedanken an das Ereignis und damit einhergehende negative Gefühle umgangen werden können. Vermeidung kann sich in dissoziativem Erleben (kurzfristige Trennung von Selbstwahrnehmung,

Gefühlen, Gedanken, Verhalten und Erinnerungen, z. B. Tagträume, sog. „wegdriften“, außerkörperliche Erfahrungen, multiple Persönlichkeiten), Substanzmissbrauch, suizidalen Gedanken sowie kurzfristig spannungsreduzierenden Aktivitäten (z. B. promiskuitives Sexualverhalten, gestörtes Essverhalten, selbstverletzendes Verhalten) äußern (Briere & Elliott, 1994; Browne & Finkelhor, 1986; Fergusson et al., 1996).

Missbrauchsfolgen können außerdem dysfunktionale Gedanken und eine beeinträchtigte Selbstwahrnehmung sein. Missbrauchsopfer haben häufiger ein negatives Selbstbild, überschätzen Gefahren, sind hoffnungslos und hilflos und fühlen sich häufiger schuldig (Briere & Elliott, 1994). Die empfundene Schuld kann abhängig von der Reaktion des sozialen Umfeldes durch negative Kommentare („Es ist deine Schuld“, „Du hast es doch provoziert“) noch verstärkt werden. Opfer von sexuellem Missbrauch haben zudem Schwierigkeiten zu vertrauen, sind seltener mit sich zufrieden und reagieren überempfindlich auf Stress (Briere & Elliott, 1994).

Auch in der sozialen Interaktion zeigen sich nach Missbrauchserlebnissen erhebliche Schwierigkeiten. Missbrauchsopfer verhalten sich weniger sozial kompetent, zeigen aggressiveres Verhalten, ziehen sich sozial zurück, haben weniger Freunde und sind weniger zufrieden in Beziehungen (Briere & Elliott, 1994; Browne & Finkelhor, 1986). Außerdem zeigen sexuell missbrauchte Kinder im Vergleich zu nicht-missbrauchten Kindern häufiger sexuell unangemessenes, aggressives oder aufdringliches Verhalten (Bonner, Walker & Berliner, 1999). Jedoch ist auch das – entgegen der häufigen Annahme – *kein* zwingender Beleg für einen sexuellen Missbrauch, da in der gleichen Studie auch nicht-missbrauchte Kinder ein solches Verhalten zeigten. Das Risiko, eine erneute Viktimisierung zu erleben, ist bei Missbrauchsopfern im Vergleich zu nicht-missbrauchten Kindern und Jugendlichen erhöht (Browne & Finkelhor, 1986).

Leichte Formen sexueller Übergriffe, wie sexuelle Belästigungen durch Peers (sexuell konnotierte Witze, Kommentare, Berührungen oder homosexuelle Beleidigungen), bringen ebenfalls negative Folgen mit sich. Chiodo, Wolfe, Crooks, Hughes und Jaffe (2009) fanden bei sexuell belästigten Schüler*innen ein erhöhtes Risiko für Selbstverletzungen (nur bei Mädchen), suizidale Gedanken, maladaptive Ernährung (nur bei Mädchen), frühe Partnerschaften, Substanzmissbrauch und wenig Sicherheitsempfinden in der Schule. Zudem bestand bei den Opfern zweieinhalb Jahre nach der sexuellen Belästigung ein erhöhtes Risiko für erneute sexuelle und physische Viktimisierung durch Peers sowie durch Partner*innen. Sexuell belästigte Schüler*innen erlebten außerdem vermehrt emotionalen Stress und zeigten häufiger Substanzmissbrauch sowie delinquentes Verhalten (Chiodo et al., 2009).

Als besonders belastend ist nach dem oben bereits erwähnten Review von Browne und Finkelhor (1986) eine Missbrauchshandlung, wenn die missbrauchende Person aus der Familie kommt (insb. Vater oder Stiefvater), erwachsen und männlich ist, genitaler Kontakt stattgefunden hat, Gewalt involviert war und die Familie sich auf ein Offenbaren des Missbrauchs hin wenig unterstützend zeigt oder der*die Jugendliche aus der Familie genommen werden muss. Fergusson et al. (1996) fanden zudem, dass das Risiko für Missbrauchsfolgen bei schwerem sexuellen Missbrauch größer ist.

1.7 Disclosure

Der Begriff „Disclosure" steht für den Prozess, sich einer anderen Person anzuvertrauen. Das Öffnen gegenüber einer Vertrauensperson ist insbesondere nach Gewalterfahrungen wichtig, da es das Risiko von späteren körperlichen oder psychischen Folgen verringern kann (z.B. Broman-Fulks, Ruggiero, Hanson, Smith, Resnick, Kilpatrick & Saunders, 2007), u.U. auch weitere oder erneute Gewalterfahrungen. Außerdem können konkrete professionelle Hilfeprozesse und Maßnahmen eingeleitet werden, auch zum Schutz anderer Kinder.

Jedoch ist der Schritt des Anvertrauens für viele Betroffene nicht leicht. Schuldzuweisungen gegenüber sich selbst, eine evtl. vorher schon bestehende vertraute Beziehung zum Täter bzw. zur Täterin sowie Scham oder Einschüchterung können den Prozess des Anvertrauens erschweren und stehen häufig neben Gefühlen wie Wut und Abscheu gegenüber dem Erlebten und der übergriffigen Person. Vor allem für vulnerable Gruppen wie beispielsweise Kinder und Jugendliche mit Defiziten in der Sprache kann das Erzählen von einem Missbrauchserlebnis besonders erschwert sein. Viele Betroffene erzählen daher nie oder erst mit großer zeitlicher Verzögerung von ihren Missbrauchserlebnissen (London, Bruck, Wright & Ceci, 2008).

Erste Ansprechpersonen der Kinder und Jugendlichen in institutioneller Erziehung, die sich zeitnah jemandem anvertrauten, waren am häufigsten Gleichaltrige (49 % der Jugendlichen, die über ihre Erlebnisse gesprochen haben) wie sich in der „Sprich mit!"-Studie (Rau, Ohlert, Fegert & Allroggen, 2016) zeigte. An Familienmitglieder haben sich 24 % gewendet, während Lehrer*innen oder andere Betreuungspersonen nur in 18 % der Fälle die erste Ansprechperson waren. Lediglich 5 bis 6 % der befragten Jugendlichen, die von dem Missbrauch erzählten, haben ihren Weg ins professionelle Hilfesystem gefunden und sich gegenüber Beratungsstellen oder anderen spezialisierten Diensten, Ärzt*innen oder Therapeut*innen geöffnet. 18 % der befragten Jugendlichen haben mit niemandem über ihre Erlebnisse gesprochen.

Es stellen sich die Fragen, *warum* sich nicht alle Betroffenen jemandem anvertrauen, d.h. was die Einflussfaktoren sind, damit sich jemand anvertraut, und *warum* sie sich eher gegenüber Gleichaltrigen öffnen als gegenüber professionellen Helfer*innen, z. B. ihren Betreuer*innen. In der Forschung wurden verschiedene Faktoren gefunden, die die Wahrscheinlichkeit für Disclosure beeinflussen. So zeigen sich geringere Raten für Disclosure bei innerfamiliärem Missbrauch (Collings, Griffiths & Kumalo, 2005; Schönbucher, Maier, Mohler-Kuo, Schnyder & Landolt, 2012), bereits lange andauernden Übergriffen (Malloy, Lyon & Ouas, 2007) und/oder wenn Sexualität im sozialen Umfeld stark tabuisiert wird (Paine & Hansen, 2002). Zudem öffnen sich Jungen seltener als Mädchen (Kogan, 2004) und jüngere Kinder seltener als ältere (Collings et al., 2005). In der Studie von Rau und Kollegen (2016) hatte der Schweregrad des Übergriffs aber keinen Einfluss darauf, ob sich betroffene Kinder und Jugendliche jemandem anvertrauen oder nicht.

Betroffene Kinder und Jugendliche wenden sich eher an Gleichaltrige als an Erwachsene, da sie sich davon mehr Unterstützung und weniger negative Reaktionen erhoffen und zudem davon ausgehen, dass ihnen eher geglaubt wird (Crisma, Bascelli, Paci & Romito, 2004; McElvaney, Greene & Hogan, 2014; Schönbucher et al., 2012). Gegenüber ihren Erziehungsberechtigten öffnen sich Betroffene vor allem, wenn sie soziale Unterstützung erwarten (Paine & Hansen, 2002). Insgesamt macht es betroffenen Kindern und Jugendlichen das Berichten ihrer Erfahrungen leichter, wenn sie sich auf die Situation einstellen können und die Folgen absehbar bzw. kontrollierbar erscheinen (Alaggia, 2004).

Gerade im Hinblick auf die Einleitung professioneller Hilfe ist es wichtig, dass pädagogische Fachkräfte als Ansprechpersonen zur Verfügung stehen, mögliche Andeutungen der Betroffenen erkennen und Erzähltes ernst nehmen. Jugendliche vertrauen sich Betreuungspersonen oder Eltern vor allem dann an, wenn sie direkt gefragt werden und das Umfeld vertrauenswürdig ist (Collings et al., 2005; Jensen, Gulbrandsen, Mossige, Reichelt & Tjersland, 2005). Die häufige Befürchtung, dass ein Nachfragen bei Betroffenen eine erneute Traumatisierung bewirkt bzw. bei Nicht-Betroffenen zu erfundenen Geschichten führt, ist fast immer unberechtigt. In vielen Fällen machen betroffene Kinder oder Jugendliche Andeutungen bzgl. des sexuellen Übergriffs und testen so, ob ihre gewählte Ansprechperson vertrauenswürdig ist und mit der Nachricht umgehen kann. Ein pädagogisches Umfeld, in dem das Thema sexuelle Gewalt angesprochen und ernst genommen wird, erleichtert es Kindern und Jugendlichen zudem, auf eine pädagogische Fachkraft zuzugehen und sich mitzuteilen; hemmend ist dagegen ein Umfeld, in dem die Themen Sexualität und Gewalt tabuisiert und vermieden werden.

Unter Umständen kann auch der Einsatz standardisierter Erhebungsinstrumente, wie beispielsweise der UCLA PTSD Reaction Index (Steinberg, Brymer, Decker & Pynoos, 2004) oder der „Child and Adolescent Trauma Screen“ (CATS; Sachser, Berliner, Holt, Jensen, Jungbluth, Risch, Rosner, Goldbeck et al., 2017), zur Erfassung von traumatischen Ereignissen und Traumafolgestörungen dazu beitragen, den Prozess des Sich-Öffnens zu unterstützen.

Die erste Reaktion auf ein Sich-Anvertrauen und Berichten von Missbrauch ist für pädagogische Fachkräfte ein schwieriger Moment und für Betroffene ein ganz entscheidender. In Einzelfällen können negative Reaktionen auf Disclosure sogar zur Zurücknahme der Aussage führen, vor allem bei jüngeren Opfern mit wenig sozialer Unterstützung (London, Bruck, Ceci & Shuman, 2005; Malloy et al., 2007). Für Betroffene ist es also von großer Bedeutung, wie die angesprochene Person reagiert und ob diese Reaktion als hilfreich wahrgenommen wird. Betroffene Kinder und Jugendliche empfinden es im Allgemeinen als hilfreich und positiv, wenn das Erzählte nicht angezweifelt wird, eine gute Gesprächsatmosphäre ohne Scham besteht und zudem (emotionale) Unterstützung angeboten wird (Allnock & Miller, 2013; Hunter, 2011; Ullman, 2002).

In der oben bereits erwähnten „Sprich mit!"-Studie wurde neben der ersten Anlaufperson der Kinder und Jugendlichen auch die Reaktion dieser Person auf das Offenlegen erfragt. Lediglich gut die Hälfte der Jugendlichen (52 %) gab dabei an, dass ihnen geglaubt wurde. 11 % wurden explizit nicht geglaubt und weiteren 11 % wurden Vorwürfe gemacht. Zu keinen Folgen kam es in 48 % der erzählten Fälle. Insbesondere wenn sie sich gegenüber Freund*innen öffneten, blieb ein Disclosure folgenlos. Weniger folgenlos blieb ein Disclosure gegenüber einem Familienmitglied. Bedenklich erscheint aber auch, dass zwischen 25 % und 44 % der befragten Jugendlichen angaben, dass keine positiven Konsequenzen erfolgten, nachdem sie gegenüber unabhängigen Beratungsstellen, Ärzt*innen, Therapeut*innen, Betreuer*innen in der Einrichtung oder Lehrer*innen von Missbrauchserfahrungen berichteten (Rau et al., 2016).

Wichtige Aspekte für die Initiierung sowie den Verlauf des Disclosureprozesses (mod. nach Allroggen, Gerke, Rau & Fegert, 2016)

- Verfügbarkeit struktureller Voraussetzungen und persönlicher Ressourcen der Kinder sowie der Fachkräfte.
- Eine gute Vertrauensbeziehung.
- Pädagogisch-professionelle Handlungsstrategien, Haltungen und institutionelle Rahmenbedingungen, d. h. Beteiligung der Kinder, Eltern, Mitarbeitenden sowie der Leitung, gemeinsam ausgearbeitete Schutzkonzepte und themenspezifische Qualifikationen.

In einer ausführlichen Analyse haben Collin-Vezina, De La Sablonnière-Griffin, Palmer und Milne (2015) Barrieren, die einen Disclosureprozess erschweren oder verhindern können, beschrieben. Sie unterschieden drei miteinander verschränkte Ebenen: Innere, relationale/interaktionale sowie gesellschaftsbezogene Barrieren.

Zu inneren Barrieren, die einen Disclosureprozess verhindern oder erschweren können, zählen Selbstschutzmechanismen, wie beispielsweise der Wunsch, das Erlebte zu vergessen, Selbstzuschreibungen einer (Mit-)Schuld oder sogar Verantwortung für die erlebte Gewalt sowie ein mangelndes kindliches Verständnis hinsichtlich der Vorgänge bzw. mangelndes Wissen über die eigene Sexualität oder eine unzureichende Fähigkeit, das Geschehen als sexuelle Gewalt einzuordnen.

Als relationale bzw. interaktionale Barrieren, die einer Offenbarung sexueller Gewalterlebnisse im Weg stehen, werden in der Analyse Erfahrungen von Gewalt und Vernachlässigung in der eigenen Familie sowie eine mangelnde soziale Eingebundenheit bzw. das Fehlen einer Vertrauensperson genannt. Außerdem können Täter-Opfer-Dynamiken und damit verknüpfte Manipulationen oder direkte Bedrohungen sowie Abhängigkeiten zwischen Täter*in und Opfer (z.B. bei Täter*innen aus dem sozialen Nahraum, d.h. der Familie, der Schule oder einem Verein) als relationale Barriere eingeordnet werden. Auch die Angst vor den Konsequenzen eines Disclosures für sich selbst (z.B. Stigmatisierung oder Verlust von Freund*innen; negative Erfahrungen durch Strafverfolgungsprozesse) oder andere (z.B. Eltern, Geschwister) sind relationale/interaktionale Barrieren, die ein Disclosure verhindern oder erschweren können.

Gesellschaftsbezogene Barrieren können gesellschaftliche Zuschreibungen (sog. Opferstereotypen) gegenüber Betroffenen von sexueller Gewalt, z.B. hinsichtlich psychischer Folgen oder gängiger Männlichkeitsnormen (Homosexualität, Schwäche) bei männlichen Betroffenen sein. Auch ein tabuisierender gesellschaftlicher Umgang mit Sexualität sowie ein Mangel an Sexualaufklärung und Wissen über Hilfestrukturen können eine Barriere darstellen und Disclosure somit erschweren. Zudem können gesellschaftsbezogene Barrieren durch den rechtlichen und historischen Rahmen einer Gesellschaft entstehen.

Das (wechselseitige) Zusammenwirken der Faktoren innerhalb dieser drei Ebenen kann dazu beitragen, ob, wann und mit welchem Verlauf sexuelle Gewalt berichtet wird.

1.8 Präventionsansätze

Prävention kann als Maßnahme verstanden werden, die Wahrscheinlichkeit des Auftretens unerwünschter Ereignisse sowie der negativen Folgen von Ereignissen zu reduzieren. Im Kontext von sexuellem Missbrauch bedeutet das, dass durch Präventionsarbeit eine gesunde und sichere Umgebung sowie entsprechende Verhaltensweisen geschaffen werden sollen, um sexuelle Übergriffe zu verhindern bevor sie passieren (Postmus, 2013). Es bedeutet aber auch eine Reduktion der Folgen von sexuellen Übergriffen, indem diese zeitnah aufgedeckt werden und die Betroffenen hinreichend Unterstützung erfahren. Bloom (1996) unterstreicht die Bedeutung einer Interdisziplinarität während sowie die langfristige Veränderung nach erfolgreicher Präventionsarbeit.

Die Centers for Disease Control and Prevention (CDC, n.d.) haben ein grundlegendes Modell für Prävention im Gesundheitswesen beschrieben. Darin wird Prävention hauptsächlich als eine Reduktion von Risikofaktoren und Steigerung von Schutzfaktoren dargestellt. Der erste Schritt in dem Modell ist die Identifikation des Problems. Im zweiten Schritt werden Risiko- und Schutzfaktoren identifiziert, auf denen aufbauend dann im dritten Schritt Präventionsprogramme entwickelt und getestet werden können. Erweisen sich diese als wirksam, können sie im vierten Schritt verbreitet werden. Dieses Modell ist grundlegend und kann auf Präventionsprogramme, die zu verschiedenen Zeitpunkten stattfinden oder verschiedene Zielgruppen ansprechen, angewandt werden.

Caplan (1961) unterscheidet drei Arten der Prävention je nach *Zeitpunkt,* an dem sie stattfindet: *Primäre Prävention* von sexueller Gewalt findet statt, bevor es zu einem Übergriff gekommen ist, und hat zum Ziel, einen solchen zu verhindern. *Sekundärpräventive Ansätze* zielen darauf ab, bereits stattfindende sexuelle Übergriffe möglichst schnell zu beenden. *Tertiärprävention* kommt zum Tragen, nachdem sexuelle Gewalt stattgefunden hat, und soll die Konsequenzen eines Übergriffes minimieren und eine Wiederholung vermeiden.

Gordon (1983) unterscheidet Präventionskonzepte anhand der *Zielgruppe,* die sie ansprechen sollen. *Universale Prävention* spricht direkt oder indirekt die gesamte Gruppe von potentiell betroffenen Personen an, wie zum Beispiel bei einer Werbekampagne zum Thema sexuelle Belästigung an einer Bushaltestelle oder einem Workshop für alle Mitarbeitenden einer Firma oder Schüler*innen einer Schule. *Selektive Prävention* dagegen ist lediglich an eine bestimmte Gruppe oder einzelne Personen mit erhöhtem Risiko gerichtet, wie z.B. stationär untergebrachte Kinder und Jugendliche. Befindet sich eine Person in risikobehafteten Situationen oder deutet ein stark verändertes Verhalten auf Probleme hin, findet *indizierte Prävention* statt. In Gordons Modell stehen im Fokus der Prävention die Betroffenen(-gruppen), jedoch sind bei präventiven Maßnahmen auch das Umfeld, also pädagogische Fachkräfte, Eltern und Lehrer*innen zu berücksichtigen.

In ihrem sozialökologischen Modell beschreiben Cohen und Swift (1996, vgl. Dahlberg & Krug, 2002) vier Ebenen für Präventionsansätze. Auf der *Individualebene* sind oben beschriebene Ansätze für (potenzielle) Betroffene sowie für (potenzielle) Täter*innen einzuordnen. Dabei können nach Identifikation der biologischen und persönlichen Risikofaktoren für Täter- und Opferverhalten spezifische Maßnahmen entwickelt und durchgeführt werden. Eine weitere Ebene ist die *Beziehungsebene*. Hier werden Beziehungsstrukturen, z.B. Partnerschaft, Familie sowie Peers, als Risikofaktoren für gefährdendes Verhalten identifiziert. Das heißt, Präventionsprogramme setzen genau an diesen Beziehungsstrukturen an. Die nächst höhere Ebene ist die *Gemeinde*. Hier wird das Umfeld, also die Nachbarschaft, der

Arbeitsplatz oder die Schule, analysiert und in die Prävention eingebunden, beispielsweise durch soziale Marketingprogramme. Schließlich gibt es die *gesellschaftliche Ebene,* in der im Rahmen einer Prävention gesellschaftliche Normen, Werte und Ungleichbehandlungen hinterfragt werden können. Die Finanzierung eines Förderprogrammes in Schulen ist beispielsweise Prävention auf gesellschaftlicher Ebene.

1.8.1 Kindzentrierte Prävention

Die Mehrzahl der Präventionsangebote ist kindzentriert, d.h. sie richtet sich an Kinder. Dabei kann die *Vermeidung von Gefahren,* also das Erkennen von Gefahrensituationen sowie Formen von Schutz- und Abwehrverhalten, im Vordergrund stehen. Andererseits können kindzentrierte Präventionsangebote auch einen bestärkenden Ansatz *(Empowerment)* haben, in dem die Vermittlung von Selbstvertrauen, einem Bewusstsein der eigenen Rechte sowie eine Sprachfähigkeit bezüglich des eigenen Körpers und der Sexualität im Vordergrund steht. Im besten Falle werden beide Ansätze miteinander ergänzt (Kindler, 2015).

Die Arbeitsmethoden in der Präventionsarbeit mit Kindern variieren stark und werden häufig miteinander kombiniert. Theaterstücke, Bildergeschichten und Filme finden sich unter den Methoden für Präventionsarbeit genauso wie Gruppen- und Unterrichtsgespräche. Ein Methodenhandbuch oder eine aktuelle Übersicht der Präventionsmethoden gibt es nicht, jedoch zeigte eine Analyse (Damrow, 2006), in der sieben Präventionsprogramme für Kinder verschiedener Altersgruppen verglichen wurden, einige typische inhaltliche Elemente:

- Als zentral für Präventionsprogramme zeigte sich zunächst die Thematisierung des *Rechts auf Selbstbestimmung* über den eigenen Körper. Kinder und Jugendliche müssen lernen, verschiedene Berührungen zu unterscheiden, und dazu ermutigt werden, eigenen Gefühlen und Intuitionen im Hinblick auf Berührungen und Nähe durch andere Personen zu vertrauen. Dafür sind sie zu Fortschritten in der Selbstständigkeit zu ermutigen und in ihren Entscheidungen weitestgehend zu respektieren. Das Recht auf Selbstbestimmung beginnt bereits, wenn ein Kind oder ein*e Jugendliche*r beispielsweise nicht umarmt oder fotografiert werden möchte.
- Ein weiterer gemeinsamer Punkt vieler Präventionsprogramme ist die Verdeutlichung, dass jedes Kind und jede*r Jugendliche, die *Möglichkeit* hat *ein Verhalten abzulehnen,* sich zu wehren und wegzulaufen. Dabei sollte deutlich werden, dass die Erwachsenen nicht immer Recht haben und Widerspruch akzeptiert wird. Somit bekommt die Mitsprache der Kinder und Jugendlichen eine Bedeutung und wird ernst genommen. Eine eigene Meinung oder eine Ablehnung gewisser Verhaltensweisen oder Ansichten anderer sind in Ordnung.

- Und schließlich ergab sich als zentraler Punkt der Präventionsprogramme die Ermutigung Betroffener, sich nach erfahrenen Übergriffen *an Vertrauenspersonen* zu *wenden* und sich nicht von Drohungen oder Aufforderungen nach Geheimhaltung abhalten zu lassen. Dabei ist auch zu vermitteln, dass die Vertrauensperson frei gewählt werden kann. Alle Mitarbeitenden sowie externen Personen können angesprochen und um Hilfe gebeten werden. Die Einrichtung sollte sich als offenes und kritikfähiges System präsentieren.

Weitere Aspekte, die in Zusammenhang mit kindzentrierter Prävention empfohlen werden, wurden vom UBSKM zusammengestellt (UBSKM, 2015):

Kindzentrierte Prävention – Empfehlungen (UBSKM, 2015)

- *Sexualerziehung* ist ein zentraler Punkt in der Prävention sexuellen Missbrauchs. In Einrichtungen der Kinder- und Jugendhilfe sollte über Sexualität gesprochen werden. Es ist wichtig, dass Kinder und Jugendliche die Begriffe der Geschlechtsteile kennen, die Unterschiede zwischen normaler Sexualität und sexueller Gewalt lernen und dabei Fragen frei äußern können. Sie sollten wissen, dass sie sich jederzeit an erwachsene Ansprechpersonen wenden können, wenn sie möchten.
- Ein weiterer wichtiger Punkt der Prävention ist die *Wahrnehmung der eigenen Gefühle*. Kinder und Jugendliche sollten lernen, diese ernst zu nehmen, darauf zu hören und sie zu zeigen.
- Bleiben Probleme und unangenehme Themen in Familien oder Einrichtungen für Kinder und Jugendliche unausgesprochen, entwickelt sich eine „*Geheimniskultur*". Dabei lernen die Kinder und Jugendlichen, dass Unangenehmes und Probleme durch Stillschweigen gelöst oder weg geschafft werden. So haben es Täter*innen leicht, ihnen Geheimhaltung aufzuerlegen. Um Kinder und Jugendliche davor zu schützen, müssen sie lernen, dass man über Geheimnisse, die sich schlecht oder komisch anfühlen, reden kann. Auch älteren Kindern und Jugendlichen muss vermittelt werden, dass sie sich mit Problemen und schwierigen Themen den Eltern oder Fachkräften anvertrauen können. Gerade in etablierten Einrichtungen besteht das Risiko, dass sie den Ruf der Einrichtung schützen wollen und deshalb sexuelle Gewalt verschweigen.
- Schließlich müssen Kinder und Jugendliche wissen, dass sie *niemals Schuld* an sexuellen Interaktionen mit Erwachsenen haben. Es kann ein Gefühl der (Mit-)Verantwortung für das Geschehen entstehen, wenn Betroffene Risiken eingegangen sind, sich im Internet dargestellt oder in einem Chat geflirtet haben. Dann ist es besonders wichtig, zu vermitteln, dass nicht die Kinder und Jugendlichen, sondern immer die Erwachsenen verantwortlich für das Geschehen sind.

Die Wirksamkeit von kindzentrierten Präventionsprogrammen zeigte sich in Evaluationsstudien und Metaanalysen weitgehend positiv, d.h. die Teilnehmer*innen hatten nach Beendigung der Programme ein größeres Verständnis von sexuellem Missbrauch, eine höhere Handlungssicherheit in gefährlichen Situationen und eine höhere Bereitschaft, sich nach erlebtem Missbrauch an eine Vertrauensperson zu wenden (Rispens, Aleman & Goudena, 1997; Topping & Barron, 2009). Im tatsächlichen Verhalten zeigte sich, dass junge Erwachsene, die in ihrer Kindheit an einem Präventionskurs zu sexueller Gewalt teilgenommen hatten, weniger sexuelle Übergriffe erlebt haben im Vergleich zu denen, die an keinem Präventionskurs teilgenommen hatten (Gibson & Leitenberg, 2000), und dass Kinder sich nach Präventionsmaßnahmen häufiger mit ihren Erfahrungen an Vertrauenspersonen wandten (Topping & Barron, 2009; Barron & Topping, 2010). Besonders große Effekte ergaben Präventionsmaßnahmen, die mehrere Treffen umfassten und bei denen Kinder aktiv in die Übungen miteinbezogen wurden (Davis & Gidycz, 2000; Rispens et al., 1997). Befragungen der Kinder und Jugendlichen darüber, wie sie die Präventionsprogramme erlebten, ergaben weitgehend positive Rückmeldungen und einen Anstieg der empfundenen Sicherheit der Teilnehmer*innen (Wurtele, 1998). Lediglich wenige (8 %) waren durch die Auseinandersetzung mit der Thematik kurzfristig beunruhigt, wie eine repräsentative Studie von Finkelhor und Dziuba-Leatherman (1995) zeigen konnte.

Die kindzentrierte Präventionsarbeit hat auch Grenzen. So können vor allem jüngere Kinder nur ungefähre Vorstellungen davon entwickeln, was sexueller Missbrauch ist. Daher fällt ihnen teilweise auch die Abgrenzung von normaler Sexualität und unangemessenen sexuellen Verhaltensweisen schwer. Das Machtverhältnis zwischen Erwachsenen und Kindern ist ebenfalls ein kritischer Punkt: Einerseits kann es ausgenutzt werden, um sexuelle Handlungen zu initiieren, andererseits kann und soll ein Präventionsprogramm das Machtgefälle zwischen Kindern und Erwachsenen nicht mindern. Und schließlich können in einer präventiven Maßnahme nicht alle möglichen Formen und Situationen sexueller Gewalt besprochen werden, d.h. es besteht die Gefahr einer Vereinfachung, durch die Kindern und Jugendlichen ein falsches Bild vermittelt werden würde (Kindler & Schmidt-Ndasi, 2011).

Ein Einbezug von Eltern, Fachkräften und anderen Personen aus dem Umfeld in die Präventionsarbeit ist essentiell. An dieser Stelle ist zu betonen, dass die Verantwortung für die Verhinderung sexueller Gewalt immer bei den Erwachsenen liegt (Zollner, Fuchs & Fegert, 2014). Kindzentrierte Präventionsprogramme dürfen den Kindern und Jugendlichen nicht den Eindruck vermitteln, sie seien in der Verantwortung, sich zu schützen. Der Fokus von Präventionsprogrammen muss immer auf den Erwachsenen liegen. Präventionsansätze für Eltern, pädagogische Fachkräfte sowie ganze stationäre Einrichtungen für Kinder und Jugendliche werden daher im Folgenden beschrieben.

1.8.2 Präventionsansätze für Eltern, Fachkräfte und gesamte Einrichtungen

Der Einbezug von Eltern oder Fachkräften in die Präventionsarbeit kann auf unterschiedliche Art und Weise erfolgen (Lohaus & Schorsch, 1997; vgl. Kindler & Schmidt-Ndasi, 2011): Begleitend zu einem kindzentrierten Präventionsprogramm können Informationsveranstaltungen für Eltern und pädagogische Fachkräfte stattfinden, damit diese die mit den Kindern besprochenen Programminhalte vor- und nachbesprechen können. So bekommen sie eine unterstützende Funktion in kindzentrierten Präventionsprogrammen. Außerdem können Eltern oder pädagogische Fachkräfte eine Vermittlungs- bzw. Multiplikatorenrolle einnehmen. Dazu werden sie von Präventionsfachkräften so geschult, dass sie ihren Kindern bzw. den ihnen anvertrauten Kindern und Jugendlichen Präventionsinhalte vermitteln können. Präventionsprogramme für Eltern oder pädagogische Fachkräfte können ebenfalls die Verantwortlichkeit der Erwachsenen für die Verhinderung bzw. das Abwenden von Missbrauch stärken. Dabei lernen Eltern bzw. Fachkräfte, Hilfesignale der Kinder zu erkennen und in Verdachtsmomenten angemessen zu reagieren. Außerdem kann im Rahmen einer Fortbildungsarbeit mit pädagogischen Fachkräften gemeinsam ein Präventionskonzept für die Einrichtung erarbeitet werden, wodurch die Fachkräfte mit den Grundlagen der Prävention vertraut gemacht und bei der Übertragung in die Praxis unterstützt werden.

Angebote für *Eltern bzw. Sorgeberechtigte* sind in der Prävention von sexuellem Missbrauch besonders wichtig, da Eltern häufig mit dem Ansprechen und Umgang der Thematik überfordert sind (z.B. Wurtele, 2008). Das heißt, sie vermeiden das Thema, sprechen lediglich Teilaspekte an und verzerren so möglicherweise durch unverhältnismäßige Fokussierung auf einzelne Aspekte (z.B. männliche Fremdtäter) die Tatsachen oder machen unangebrachte Vorschläge. Präventionsmaßnahmen für Eltern bzw. Sorgeberechtigte sind häufig vor allem informativ und sollen Wissenslücken schließen und falsche Vorstellungen bei den Eltern berichtigen. Zudem können oben genannte Unsicherheiten bezüglich Präventionsbotschaften, der Gestaltung von Gesprächen sowie des Umgangs mit Verdachtsfällen beseitigt werden (Kindler & Schmidt-Ndasi, 2011).

In dieser Orientierungshilfe soll es vorrangig um den Einbezug von *pädagogischen Fachkräften* in die Prävention von sexuellem Missbrauch in Einrichtungen der Kinder- und Jugendhilfe gehen. Häufige Schwerpunkte in Fortbildungsangeboten für pädagogische Fachkräfte hinsichtlich der Prävention von sexuellem Missbrauch sind der Umgang mit Verdachtsfällen sowie strukturelle Präventionsansätze für die Einrichtung. Fortbildungen zum *Umgang mit Verdachtsfällen* haben zum Ziel, pädagogische Fachkräfte in der Wahrnehmung von Hilfebedarf zu sensibilisieren, aber gleichzeitig überschießende Handlungen zu verhindern. Konkrete Inhalte solcher Fortbildungsprogramme können das Klären von Fragen bezüglich Arten, Anzeichen und Folgen sexuellen Missbrauchs, bezüglich interner und externer

Unterstützungsmöglichkeiten sowie rechtlicher Aspekte sein; aber auch das Durchsprechen von konkreten Fällen oder Situationen während des Disclosure-Prozesses bzw. der nachfolgenden Klärungsphase sind häufig Teil einer Fortbildung zum Umgang mit sexuellem Missbrauch (Kindler, 2015).

Ein weiterer Präventionsansatz ist die *strukturelle bzw. situationale Prävention*. Das heißt, Situationen, in denen ein besonders großes Risiko für einen sexuellen Übergriff besteht, oder Strukturen, die einen Übergriff begünstigen, werden verhindert bzw. verändert. Gleichzeitig werden Gelegenheiten zum Offenbaren bereits geschehener Übergriffe sowie Selbstschutzfähigkeiten von Kindern und Jugendlichen gefördert. Die Ziele sind: Die Erreichbarkeit der Opfer für Täter*innen erschweren; die Wahrscheinlichkeit eines Disclosures erhöhen; den Zugang zu Situationen, die für Täter*innen einen Aufforderungscharakter haben, sowie zu Hilfsmitteln für die Tatvorbereitung verhindern; die negativen Folgen von sexuellem Missbrauch hervorheben; Personen im Umfeld von potenziellen Opfern sensibilisieren und handlungsfähiger machen. Die Wirksamkeit dieser Präventionsansätze konnte empirisch bisher nicht belegt werden (Kindler, 2015; Kindler & Schmidt-Ndasi, 2011).

Gute Präventionsansätze und fortlaufende Weiterbildungen im Bereich des sexuellen Missbrauchs sind vor allem in Institutionen, in denen Kinder und Jugendliche mit erhöhtem Risiko für sexuelle Übergriffe untergebracht sind, d. h. für Einrichtungen der Kinder- und Jugendhilfe sowie für Internate, wichtig (Zollner et al., 2014).

2 Handlungsempfehlungen

2.1 Prävention

Prävention beginnt im Alltag – einerseits im familiären Alltag mit den Eltern und andererseits auch im institutionellen Alltag. Spezifische Präventionsprogramme und -maßnahmen sollten dennoch zusätzlich angeboten und durchgeführt werden.

Im Erziehungsalltag sollten die Grundhaltung an den Kinderrechten orientiert und der Umgang miteinander respektvoll und achtsam sein. Erst wenn Kinder und Jugendliche sich ernst genommen fühlen und in Entscheidungen und tägliche Abläufe soweit wie möglich mit einbezogen werden, können sie Selbstbewusstsein und Selbstbestimmung entwickeln. In der Gruppe sollte eine Sensibilität für die eigenen Belange sowie für die Bedürfnisse anderer geschaffen und gefördert werden. So kann Prävention schon im Alltag ansetzen.

Zusätzlich zu der Vermittlung von gegenseitigem Respekt und Achtsamkeit im Alltag ist die Erarbeitung eines umfassenden Präventionskonzepts für jede Einrichtung, in der mit Kindern und Jugendlichen gearbeitet wird, wichtig. Dafür wurden am Runden Tisch „Sexueller Kindesmissbrauch in Abhängigkeits- und Machtverhältnissen in privaten und öffentlichen Einrichtungen und im familiären Bereich" (Abschlussbericht RTKM, 2011) in einer Arbeitsgruppe (Arbeitsgruppe I zum Thema Prävention, Intervention und Information) Leitlinien beschlossen. Diese Leitlinien können als Mindeststandards im Kinderschutz in Institutionen angesehen werden. Sie sollten als Grundlage in der Entwicklung eines individuellen Schutzkonzeptes dienen. Zur Umsetzung der Mindeststandards gehören laut der Leitlinien des Runden Tisches neben der *Prävention* die Handlungsebenen *Intervention* und *langfristige Aufarbeitung und Veränderung*. Diese drei Ebenen sollten als notwendige Elemente eines Qualitätsentwicklungsprozesses der Träger angesehen werden. Die Grundlage des gesamten Konzeptes ist die Sicherung der Rechte von Kindern und Jugendlichen, ihr Schutz, d.h. die Sicherung des Kindeswohls, sowie die Förderung einer altersentsprechenden Entwicklung. Es soll ein aufgeklärter und selbstbestimmter Umgang mit Sexualität ermöglicht und gefördert werden. In den Leitlinien wird hervorgehoben, dass alle Einrichtungen der Kinder- und Jugendhilfe zeitnah ein Konzept entwickeln sollen, für das die Verantwortung bei den Trägern der jeweiligen Institution liegt. Außerdem soll nach zwei Jahren eine Prüfung der Umsetzung von Mindeststandards durch eine übergeordnete Behörde erfolgen.

Um vor einer Implementierung der Mindeststandards ein Grundverständnis der Problematik zu schaffen, ist zunächst eine Risikoanalyse durchzuführen, in der spezifische Risiken des jeweiligen institutionellen Kontextes formuliert sind. Zudem sollte die Haltung des Trägers und das momentane Vorgehen in den genannten Risikobereichen beschrieben werden. Träger sollten sich außerdem verpflichten, aufkommenden Vermutungen nachzugehen und entsprechende Handlungspläne in einem Vorfall zu beschreiben und umzusetzen. Auch eine ausführliche Dokumentation des Ablaufs ist wichtig.

Wie bereits erwähnt, sind Prävention, Intervention sowie die langfristige Aufarbeitung und Veränderung nach Fällen sexueller Gewalt als zentrale Bausteine eines Schutzkonzeptes vor sexueller Gewalt anzusehen. Im Folgenden wird vor allem auf die Prävention eingegangen, bevor die Intervention in einem eigenen Kapitel behandelt wird.

2.1.1 Präventionsmaßnahmen

Ein gutes Präventionskonzept kann nicht allgemein beschrieben werden, sondern muss von jeder Einrichtung individuell erarbeitet und angepasst werden. In der Leitlinie des Runden Tisches (2011) wurden dennoch allgemeine Aspekte der Prävention und spezifische Präventionsmaßnahmen formuliert, die als Grundlage und Stütze für die Erarbeitung eines eigenen Schutzkonzeptes dienen können und sollen.

Im Allgemeinen liegt die Verantwortung des Kinderschutzes beim Träger. Das heißt er ist im Rahmen der allgemeinen Präventionsmaßnahmen dafür zuständig, auf jeweilige Zielgruppen (d.h. Eltern, Kinder und Mitarbeitende bzw. angehende Mitarbeitende) angepasste Informationen über die eigene Haltung bereitzustellen. Dazu gehören beispielsweise Handlungsleitlinien im Falle sexueller Gewalt sowie ein Verhaltenskodex für alle Mitarbeitenden. Außerdem liegt die Verantwortung für Maßnahmen und Verfahren für alle Beteiligten im Falle eines sexuellen Übergriffs beim Träger. Auch die Verankerung des Themas in die interne Gremienarbeit sowie in Qualifizierungs- und Personalentwicklungsmaßnahmen ist ein wichtiger Aspekt allgemeiner Präventionsmaßnahmen. Hierzu gehört beispielsweise, Fortbildungen für Mitarbeitende anzubieten, Führungszeugnisse von angehenden Mitarbeitenden anzufordern und arbeitsvertragliche Regelungen zu vereinbaren.

Am Anfang der spezifischen Präventionsmaßnahmen steht die bereits erwähnte Risikoanalyse. Dabei werden strukturelle und arbeitsfeldspezifische Risiken des

Trägers und der Einrichtung analysiert, um daraufhin die bisherige Haltung der Einrichtung bzw. des Trägers und das bisherige Vorgehen in Risikobereichen zu beschreiben und Empfehlungen und Verbesserungsvorschläge aussprechen zu können. Entsprechende spezifische Präventionsmaßnahmen können dann auf Basis der Risikoanalyse überlegt werden. Auch hierzu sind in den Leitlinien des Runden Tisches Mindeststandards formuliert, anhand derer individuell und den Bedürfnissen der jeweiligen Einrichtung entsprechend präventive Maßnahmen geplant und umgesetzt werden können:

Mindeststandards für die Erarbeitung eines Präventionskonzeptes

- Jede Einrichtung sollte spezifische Angebote und Aufklärung für die jeweiligen Zielgruppen und Geschlechter leisten. Dazu gehören Workshops, Thementage und andere Formen der Aufklärung über Sexualität und sexuelle Gewalt für Kinder und Jugendliche. Wichtig ist hier vor allem die Erarbeitung von Schutzmaßnahmen mit den ehren- und hauptamtlichen Mitarbeitenden, denn letztendlich sind es die Erwachsenen, die verantwortlich sind für den Schutz der Kinder und Jugendlichen vor sexueller Gewalt.
- Außerdem sollten alle Beteiligten bei der Entwicklung und Durchführung von Maßnahmen, Verfahren und Angeboten partizipieren können. Weder den Kindern und Jugendlichen noch den Mitarbeitenden sollten einfach Regeln „von oben" oder „von außen" aufgestellt werden. Viel verständlicher und einprägsamer sind sie, wenn sie gemeinsam erarbeitet wurden. So wird auch die Selbstwirksamkeit der Kinder und Jugendlichen gestärkt.
- Kinder und Jugendliche sowie Eltern sollten über interne Beschwerdemöglichkeiten Bescheid wissen. Auch wenn es eine bestimmte Person gibt, die dafür zuständig ist, sollte den Kindern und Jugendlichen bewusst sein, dass sie sich mit ihren Problemen auch jeder anderen Fachkraft anvertrauen können.
- Externe Ansprechpersonen müssen ebenfalls bekannt sein. Hier sollten die Nummer des Jugendamtes, einer insoweit erfahrenen Fachkraft, von telefonischen oder Online-Beratungsangeboten bekannt sein, da die Schwelle, sich an einen Mitarbeitenden der eigenen Einrichtung zu wenden, häufig besonders groß ist (vgl. hierzu auch die „Arbeitshilfe: Ansprechpersonen" im Anhang auf Seite 94).
- Die Trägerhaltung muss in der Gestaltung der Dienstverhältnisse regelmäßig deutlich werden, zum Beispiel indem das Thema sexuelle Gewalt nicht nur in den Einstellungsgesprächen thematisiert wird und Vereinbarungen im Arbeitsvertrag getroffen werden, sondern auch indem polizeiliche Führungszeugnisse regelmäßig angefordert werden. Durch entsprechende Routinen wird potentiellen Täter*innen demonstriert, dass hier keine Möglichkeit für Übergriffe besteht.

Es gibt bereits zahlreiche Workshops zum Thema sexuelle Gewalt sowie Ideen und Anleitungen für die spielerische Gestaltung der Präventionsarbeit mit Kindern und Jugendlichen. Daher wird das im Rahmen dieser Orientierungshilfe nicht ein weiteres Mal beschrieben. Im Anhang des dieses Buches findet sich eine Liste mit Hinweise auf Internetseiten, Anlaufstellen, Materialien und Literatur für Fachkräfte, die weitere hilfreiche Informationen liefern (vgl. Seite 102).

2.2 Intervention

Wird ein Fall sexueller Gewalt in der eigenen Einrichtung bekannt oder vermutet, ist Handeln unerlässlich. In diesem Kapitel sollen die einzelnen Schritte in einem solchen Fall beschrieben werden. Dabei gibt es keinen festen Ablauf – jeder Fall ist anders und muss individuell eingeschätzt und behandelt werden. Die beschriebenen Schritte sollen also einen beispielhaften Ablauf darstellen, der je nach Fall variieren kann. Zunächst werden einige grundsätzliche Punkte im Umgang mit sexuellen Übergriffen beschrieben bevor das Vorgehen bei einem konkreten (Verdachts-)Fall sexueller Gewalt Schritt für Schritt beschrieben wird (vgl. hierzu auch die vier Flussdiagramme im Anhang ab Seite 95).

2.2.1 Grundsätze im Umgang mit sexueller Gewalt

Die folgenden Punkte stellen grundsätzliche „Regeln“ im Umgang mit sexueller Gewalt dar (vgl. auch linke Seite in Abbildung 1 sowie das Flussdiagramm „1. Was ist grundsätzlich zu beachten“ im Anhang auf Seite 96):

- *Das Kindeswohl hat oberste Priorität.* Für pädagogische Fachkräfte hat das Kindeswohl immer oberste Priorität. Sollte also das psychische oder physische Wohl eines Kindes oder Jugendlichen in Gefahr sein, besteht unmittelbarer Abklärungs- und Handlungsbedarf. Alle anderen, nicht-akuten Vorgänge, etwa Gespräche mit den Betroffenen oder Angehörigen sowie Interventionen, sollten zunächst unter Einbezug von Fachkräften gut geplant sein. Vor allem ein vorschnelles Gespräch mit den Angehörigen der Beteiligten oder anderen Mitarbeitenden kann den Schutz des Kindes gefährden, da der Täter bzw. die Täterin daraufhin das Schweigeverbot verstärken oder vermehrte Gewalt bzw. negative Konsequenzen androhen könnte.
- *Individuelle Gegebenheiten beachten.* Je nach individueller Situation, Täter-Opfer-Beziehung sowie Ort des Übergriffs unterscheidet sich das weitere Vorgehen im Falle eines sexuellen Übergriffs. In der anschließenden näheren Beschreibung der einzelnen Handlungsschritte sind die jeweiligen Situationen, in denen solche Aspekte einen Unterschied machen, näher beschrieben. Insgesamt ist zu beachten, dass auf jeden Einzelfall sensibel und individuell eingegangen wird.

- *Nicht voreilig handeln.* Überstürztes und voreiliges Handeln richtet meist mehr Schaden an als dass es hilft. Deshalb ist es wichtig, jeden Schritt zu planen und abzuklären, soweit das Kindeswohl nicht unmittelbar gefährdet ist. Auch bei einem spontanen Bericht der Betroffenen sind es vor allem Ruhe und Besonnenheit vonseiten der pädagogischen Fachkraft, die den Betroffenen die nötige Sicherheit vermitteln. Im Anschluss an das Gespräch kann dem Kind bzw. Jugendlichen erklärt werden, dass weitere Schritte zunächst gut überlegt und geplant werden müssen.
- *Nach dem Vier-Augen-Prinzip handeln.* Beim Vier-Augen-Prinzip geht es darum, dass an wichtigen Entscheidungen und kritischen Tätigkeiten mindestens zwei Personen beteiligt sein sollten. Dadurch kann das Risiko von Fehlverhalten minimiert werden. Gibt es dennoch eine akute Situation, in der spontan keine zweite Person zu Hilfe geholt werden kann, sollte es spätestens bei der darauffolgenden Entscheidung bezüglich des weiteren Vorgehens zur Absprache mit einer weiteren Person kommen.
- *Gut dokumentieren.* Sowohl für den Überblick über die Geschehnisse und Übergriffe sowie über den Zustand des Kindes bzw. Jugendlichen, als auch für eventuelle spätere Ermittlungen ist eine gute und ausführliche Dokumentation wichtig. Genauere Hinweise sind in den folgenden Unterkapiteln beschrieben.
- *Rechtliche Bestimmungen beachten.* Auch rechtliche Bestimmungen müssen während des gesamten Vorgangs beachtet werden. Dabei sind vor allem die Schweigepflicht der in §203 StGB Abs. 1 genannten Berufsgruppen (beispielsweise Ärzt*innen, Psycholog*innen, Berater*innen, Sozialarbeiter*innen und -pädagog*innen) und der in §203 StGB Abs. 2 genannten Berufsgruppen (beispielsweise Amtsträger und für den öffentlichen Dienst besonders Verpflichtete) sowie die Möglichkeit dieser Berufsgruppen sich im Falle eines vermuteten sexuellen Missbrauchs von einer Fachkraft beraten zu lassen (§4 Abs. 2 KKG) hervorzuheben. Eine strafrechtliche Verfolgung und Abklärung eines sexuellen Übergriffes kann von Strafverfolgungsbehörden (Polizei, Staatsanwaltschaft) bzw. durch ein Gericht vorgenommen werden. Ein Hinzuziehen dieser Stellen kann notwendig oder gewünscht sein, sollte aber gut überlegt werden, da es möglicherweise zu Belastungen oder Maßnahmen führt, die von den Betroffenen nicht gewünscht wurden. Näheres zu den rechtlichen Bestimmungen ist in den anschließenden Kapiteln beschrieben.
- *Koordination interdisziplinärer Hilfeplanung.* Werden sexuelle Übergriffe bekannt oder vermutet, möchte jede*r schnell handeln, um den Betroffenen zu helfen. So eine schnelle Hilfe ist jedoch meist nicht möglich; im Gegenteil ist ein vorschnelles Handeln ohne Absprache häufig eher schädlich. Deshalb ist eine Zusammenarbeit aller Hilfeinstanzen wichtig und muss gut geplant werden. Dabei muss die eigene Rolle im Blick behalten und für sich genau geklärt werden, wofür man zuständig ist, wofür nicht, und wo man Hilfe bekommen kann, wenn man eine Unterstützung für sinnvoll hält, diese aber selbst nicht leisten kann. Pädagogische Fachkräfte haben einen Beratungsanspruch gegenüber der insoweit erfahrenen

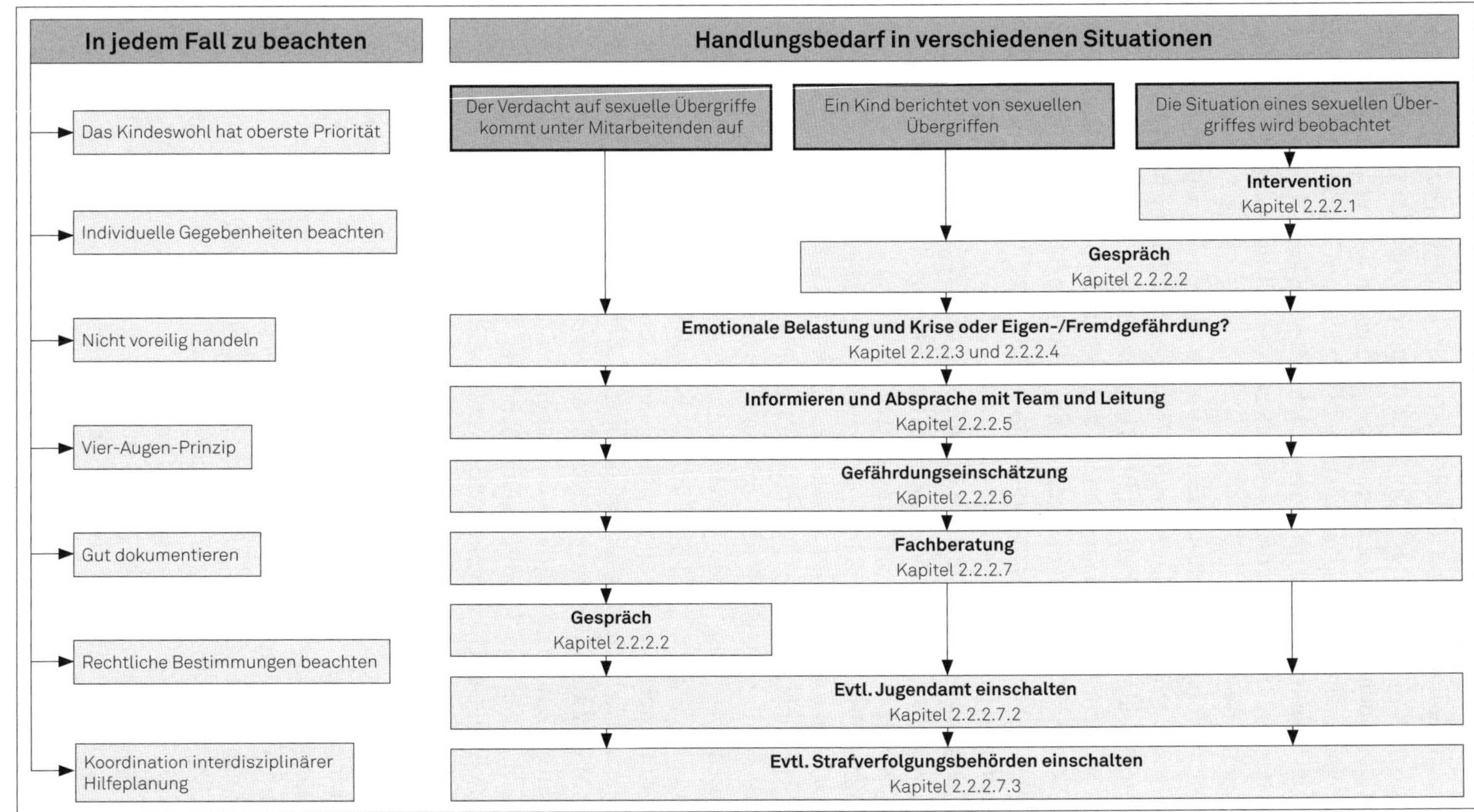

Abbildung 1: Überblick über Grundsätze und einzelne Handlungsschritte im Umgang mit sexueller Gewalt

Fachkraft der Kinder- und Jugendhilfe oder auch des Trägers der Einrichtung. Mithilfe dieser Beratung sowie einer guten Vernetzung und Zusammenarbeit aller zuständigen Hilfeinstanzen, kann ein strukturiertes Hilfeprozessmanagement geplant und der Hilfeprozess in Gang gesetzt werden. Aus den am Runden Tisch formulierten Mindeststandards (Abschlussbericht RTKM, 2011) wird neben der genauen Benennung der Verantwortlichkeiten und dem Einbezug einer externen Fachkraft bzw. einer insoweit erfahrenen Fachkraft zudem die Wichtigkeit einer adäquaten Beteiligung und Selbstbestimmung der Betroffenen betont. Die Hilfeplanung darf keinesfalls über die Köpfe der Betroffenen hinweg passieren, stattdessen sollten sie altersentsprechend einbezogen werden.

2.2.1.1 Dokumentation

Kommt es zu einem (Verdachts-)Fall von sexueller Gewalt, ist neben dem Schutz der Betroffenen und der Klärung des Falles vor allem das Dokumentieren der Informationen wichtig. Das sollte möglichst zeitnah und – vor allem bei mündlichen Mitteilungen – wortgetreu stattfinden.

Eine sorgfältige und ausführliche Dokumentation der Informationen ist nicht nur für alle Beteiligten ein wertvolles Instrument, um den Überblick zu behalten und sukzessive ein Verständnis des Sachverhalts möglich zu machen, sondern auch ein wichtiger Aspekt bei eventuellen strafrechtlich relevanten Ermittlungen.

Zu dokumentieren sind dabei Beobachtungen der pädagogischen Fachkräfte sowie Gespräche mit den Kindern und Jugendlichen. Bezüglich der Beobachtungen sollten folgende Punkte dokumentiert werden:

- Zeigen sich Auffälligkeiten oder Veränderungen im Verhalten des vermutlich betroffenen Kindes sowie der vermutlich übergriffigen Person? Zeigt sich dies lediglich in bestimmten Situationen oder über einen Zeitraum?
- Wie gestalten sich die Interaktionen des betroffenen Kindes oder Jugendlichen der fraglichen sexuellen Gewalt mit der Familie oder anderen Bezugspersonen, z. B. beim Bringen oder Abholen, bei Fahrten oder Veranstaltungen?

Kommt es zu einem Gespräch mit einem betroffenen, involvierten oder dritten Kind, ist eine Dokumentation der Informationsquelle und des Kontextes sowie des genauen Gesprächsablaufs wichtig. Häufig erlaubt es die Situation nicht, während des Gesprächs Notizen zu machen, da die Zuwendung zum Kind in dem Moment wichtiger ist. Daher muss die Dokumentation direkt im Anschluss im Rahmen eines Gedächtnisprotokolls stattfinden. Dabei sollte auf folgende Punkte eingegangen werden:

- Datum, Uhrzeit und Dauer des Gesprächs.
- Woher stammen die Informationen zu den vermuteten sexuellen Übergriffen? Hat eine direkt beteiligte oder betroffene Person berichtet oder stammen die

Informationen von Dritten, also beispielsweise Bezugspersonen, Freund*innen oder Zeug*innen? Wenn eine dritte Person berichtet hat, ist es wichtig zu notieren, in welcher Beziehung die mitteilende Person zu der betroffenen steht.
- Wie waren die Umstände des Gesprächs bzw. der Aussage? Wurde spontan berichtet oder öffnete sich das Kind bzw. der Jugendliche auf ein Nachfragen hin? Gab es einen Auslöser, z.B. ein Gruppengespräch oder eine Meldung in den Medien?
- Was wurde genau gesagt? Hier ist es wichtig, sowohl die gestellten Fragen als auch die entsprechenden Antworten zu notieren, um Suggestionen abklären bzw. ausschließen zu können.
- Waren noch weitere Personen an dem Gespräch beteiligt?
- Wie war der Verlauf des Gesprächs? Was für ein Eindruck hatte die angesprochene Person hinsichtlich der psychischen Verfassung des Kindes bzw. Jugendlichen?

Mit einer zeitnahen und wortgetreuen Dokumentation wird sichergestellt, dass wichtige Details nicht verloren gehen. Häufig sind die Aussagen der Kinder und Jugendlichen sprunghaft und die eigenen Erinnerungen an das Gespräch ungeordnet. Dennoch darf beim anschließenden Dokumentieren nicht versucht werden, Plausibilität und Konsistenz herzustellen – im Gegenteil sollten die Informationen aus dem Gespräch genauso aufgeschrieben werden, wie sie erinnert werden. Ein Ordnen sprunghafter, unsystematischer oder sogar widersprüchlicher Aussagen würde die Informationen verzerren, da es – wenn auch unbeabsichtigt – immer mit einer Interpretation der Ursprungsinformation verbunden wäre. Im Verlauf der Klärung des (Verdachts-)Falles kommen dann – nicht zuletzt durch wachsendes Vertrauen der Kinder und Jugendlichen – nach und nach mehr Informationen zusammen, die ein späteres Verständnis des Zusammenhangs aller Aussagen und Hinweise erst möglich machen. Wichtig sind also eine sorgfältige, wortgetreue Dokumentation der Informationen, aber auch Geduld, da Vermutungen und Hinweise zu möglicher sexueller Gewalt sich oft weder zeitnah noch sicher bestätigen oder widerlegen lassen und Kinder und Jugendliche erst mit gewissem zeitlichem Abstand neue und offenere Hinweise geben.

2.2.1.2 Schweigepflicht

Eine große Frage ist immer die der Schweigepflicht. *Wann* darf ich *wem was* sagen? Regelungen der Schweigepflicht sowie deren Entbindung bei Kindeswohlgefährdung finden sich im Strafgesetzbuch sowie im Kinderschutzgesetz. Die Schweigepflicht nach §203 StGB Abs. 1 und 2 verpflichtet bestimmte Berufsgeheimnisträger dazu, personenbezogene und andere Daten sowie ihnen anvertraute Informationen nicht ohne Einverständnis des Erzählenden an Dritte weiterzugeben. Das betrifft beispielsweise Ärzt*innen, Psycholog*innen, Berater*innen, Sozialarbeiter*innen und -pädagog*innen. Im zweiten Absatz dieses Artikels finden sich weitere Berufsgruppen, die als Berufsgeheimnisträger gelten. Darin stehen u.a. Amtsträger und für den öffentlichen Dienst besonders Verpflichtete, weshalb auch Lehrer*innen der Schweigepflicht verschrieben sind.

Im Falle eines „rechtfertigenden Notstandes" nach §34 StGB darf die Schweigepflicht gebrochen und das Jugendamt, die Polizei bzw. das Gericht informiert werden. Ein solcher Notstand ist gegeben, wenn eine gegenwärtige Gefahr für ein wichtiges Rechtsgut, beispielsweise Leib, Leben oder Freiheit, aber auch Kindeswohl, nicht anders abwendbar ist. Die Gefahr für das Rechtsgut muss zudem gegenwärtig sein, d.h. sie muss kurz bevorstehen, akut vorliegen oder andauern. Liegt die Gefahr, der Schaden oder die Straftat in der Vergangenheit oder besteht lediglich die Vermutung eines Schadens, rechtfertigt das keinen Bruch der Schweigepflicht im Rahmen des §34 StGB. Im Allgemeinen gilt es bei der Entscheidung, die Schweigepflicht aufgrund eines rechtfertigenden Notstandes zu brechen, eine Güterabwägung zwischen dem zu schützenden Rechtsgut (Kindeswohl) und dem beeinträchtigten Rechtsgut (Schutz der vertraulichen Information) abzuwägen. Von einem Überwiegen des Kindesschutzes kann ausgegangen werden, wenn die Gesundheit oder das Leben des Kindes oder Jugendlichen in Gefahr ist. Sollten Zweifel diesbezüglich bestehen, kann eine pseudonymisierte Beratung durch eine insoweit erfahrene Fachkraft in Anspruch genommen werden.

Im Bundeskinderschutzgesetz wurde Anfang 2012 eine explizite Befugnisnorm für Berufsgeheimnisträger formuliert, die besagt, dass nach §4 KKG bei Hinweisen auf eine Kindeswohlgefährdung drei Schritte durchzuführen sind. In Absatz 1 des §4 KKG wurden Lehrer*innen explizit in die Aufzählung der Berufsgeheimnisträger aufgenommen. Die drei durchzuführenden Schritte sind folgende.

- Nach Abs. 1 soll versucht werden, eine Kindeswohlgefährdung abzuwenden, indem bei den Sorgeberechtigten des betroffenen Kindes auf die Inanspruchnahme von Hilfen (z.B. Familienhilfe, Psychotherapie, Beratung etc.) hingewirkt wird. Das gilt nur, wenn dadurch der Schutz des Kindes nicht gefährdet ist, d.h. wenn die Eltern oder andere Familienmitglieder als Täter*innen nicht in Frage kommen. Zudem soll das Einbeziehen der Sorgeberechtigten mit dem betroffenen Kind bzw. Jugendlichen besprochen werden, damit es nicht zu einem Vertrauensbruch kommt.
- Der zweite Absatz formuliert einen Anspruch auf pseudonymisierte Beratung durch eine insoweit erfahrene Fachkraft, mit der gemeinsam eine Gefährdungseinschätzung vorgenommen werden kann.
- Kann die Kindeswohlgefährdung durch den Einbezug der Sorgeberechtigten und durch die Beratung der insoweit erfahrenen Fachkraft nicht abgewehrt werden, hat die pädagogische Fachkraft nach Absatz 3 der Norm die Befugnis, das Jugendamt über die Kindeswohlgefährdung zu informieren. Die Betroffenen sowie deren Sorgeberechtigte sind über die Weitergabe der Daten zu informieren, wenn dadurch nicht der Schutz der Betroffenen infrage gestellt wird.

Neben den Regelungen im Strafgesetzbuch und im Bundeskinderschutzgesetz gibt es landesgesetzliche Regelungen im Falle einer vermuteten Kindeswohlgefährdung. Auch hier ist formuliert, welche Situationen und Fälle eine Weitergabe von Daten an Dritte erlauben. Pädagogische Fachkräfte sollten sich diesbezüglich im eigenen Bundesland bzw. ihrem Vorgesetzten informieren.

Zudem sind Regelungen zur Aussagegenehmigung für Angehörige des öffentlichen Dienstes zu beachten (§67 Abs. 3 BBG bzw. §37 Abs. 3 BeamtStG). Diese bestimmen, dass Personen, die im öffentlichen Dienst arbeiten oder gearbeitet haben, vor einer gerichtlichen oder außergerichtlichen Aussage einer Genehmigung des*der Vorgesetzten bedürfen, soweit es sich um Tatsachen handelt, die sich während ihrer Beschäftigungszeit ereignet oder von denen sie währenddessen erfahren haben, da diese der Amtsverschwiegenheit unterliegen.

Die oben beschriebenen Regelungen im Rahmen der Gesetzgebung sind sehr allgemein formuliert und manchmal schwer auf die individuelle Situation anzuwenden. Auch gibt es Fälle, in denen ein Einverständnis des Kindes aufgrund seines Entwicklungsstandes nicht eingeholt werden kann. Es gilt auf Basis der oben beschriebenen Regelungen daher im Allgemeinen, dass die akute Gefährdung des Kindeswohls und der gesunden Entwicklung gegen die Vertraulichkeit der Information und die Vertrauensbeziehung zum betroffenen Kind oder Jugendlichen abzuwägen ist.

Erscheint es zugunsten des Kindeswohls notwendig, eine Information weiterzugeben – sei es zur Absprache im Team und mit der Einrichtungsleitung oder im Rahmen einer Zusammenarbeit mit den Sorgeberechtigten oder Hilfeinstanzen – sollte zunächst versucht werden, das Einverständnis des berichtenden bzw. betroffenen Kindes einzuholen. Eine Erörterung der Situation und der Vorteile, die mit dem Informieren Dritter einhergehen, genügen häufig, um das Kind bzw. den Jugendlichen zu überzeugen.

Lehnt das Kind bzw. der Jugendliche ein Einbeziehen Dritter dennoch ab, kann weiterhin abgewogen werden, inwieweit der Minderjährige entwicklungsbedingt die Bedeutung und Tragweite der Entscheidung erfassen kann. Kann bei altersentsprechend entwickelten älteren Kindern bzw. Jugendlichen davon ausgegangen werden, dass ihnen die Auswirkungen einer Geheimhaltung bewusst sind, sieht die Reaktion anders aus als wenn jüngere oder entwicklungsverzögerte Kinder, die die Folgen nicht hinreichend abschätzen können, einen Einbezug Dritter verneinen. Sollten trotz fehlendem Einverständnis weitere Personen informiert und mit einbezogen werden, da es aufgrund einer Kindeswohlgefährdung unerlässlich – und somit rechtlich zulässig – ist, muss klar sein, dass das einen Vertrauensbruch und somit eine weitere Belastung für den*die Betroffene*n darstellt. Über eine Weitergabe von Informationen muss also nach individueller Prüfung in Abhängigkeit von Alter, Entwicklung und Situation nach bestem Wissen und Gewissen entschieden werden.

2.2.1.3 Selbstfürsorge und Privatsphäre

Hilfeprozesse bei vermuteten sexuellen Übergriffen können lange dauern und frustrierend sein und stellen eine Herausforderung für die Einrichtung, das Team und alle Beteiligten dar. Häufig kommt es dabei zu starken Emotionen und Schuldzuweisungen, Unsicherheiten und Frustrationen, Auseinandersetzungen mit den Kolleg*innen oder Gefühlen des persönlichen Scheiterns bzw. der Insuffizienz. Mit professioneller Hilfe im Rahmen von Supervisionen können teaminterne Probleme und Spannungen geklärt werden. Doch auch die eigene Fürsorge darf nicht zu kurz kommen. Ein Ausgleich in der Freizeit oder auch professionelle Unterstützung im Rahmen von externen Coachings oder Beratungen kann zur eigenen emotionalen Stabilität beitragen.

Eine professionelle Distanz zum Fall ist sowohl für das eigene Wohlergehen als auch für die Beziehung zu dem*der Betroffenen essenziell. Von sexueller Gewalt betroffene Kinder und Jugendliche brauchen eine emotional stabile Bezugsperson, die ihre eigene emotionale Beteiligung reflektieren kann und nicht an ihrer Belastungsgrenze arbeitet. Im gesamten Hilfeprozess ist es wichtig, sich der eigenen Rolle bewusst zu sein und keine falschen Beziehungsangebote oder aus Mitleid entstandene, nicht einzuhaltende Versprechungen zu machen. Die Rolle einer pädagogischen Fachkraft ist nicht die einer Freundin oder Familienangehörigen, die Mitleid hat und Trost spendet – sie ist eine Unterstützung und Begleitung im Hilfeprozess und somit eine Person, der man alles Geschehene, alles Unschöne und alle Sorgen anvertrauen kann. Ist die pädagogische Fachkraft dabei zu sehr emotional involviert, öffnen sich Betroffene nicht mehr gänzlich, da sie merken, dass ihr das Erzählte unangenehm ist oder sie zu sehr belastet. Die eigene emotionale Stabilität sowie eine entsprechende professionelle Distanz schützen neben der Beziehung zum Kind bzw. Jugendlichen aber auch das eigene Wohlergehen und die eigene Privatsphäre. Eine klare Trennung zwischen Beruf und Freizeit ist dabei wichtig. Betroffene nach Hause einzuladen, ihnen die private Telefonnummer zu geben oder sie zu Familienausflügen mitzunehmen, geht über die professionelle Beziehung hinaus, vermittelt Betroffenen eine falsche Rolle des*der Helfenden und greift zu weit in die eigene Privatsphäre.

2.2.2 Einzelne Handlungsschritte

Das genaue Vorgehen bei einer Vermutung oder einem Fall von sexueller Gewalt ist häufig mit Unsicherheiten verbunden. Einen genauen Ablaufplan kann es in solchen Situationen auch nicht geben, denn jeder Fall ist individuell und unterscheidet sich in den notwendigen Schritten und deren Abfolge. Wichtig ist es, im gesamten Hilfeprozess die bereits im vorherigen Kapitel genannten grundsätzlichen Punkte zu beachten. In diesem Kapitel werden nun einzelne Handlungsschritte beschrieben, die zum Hilfeprozess gehören. Dabei ist es noch einmal wichtig zu beachten, dass die Reihenfolge des Ablaufes oder die Schritte im Einzelfall unterschiedlich sein können (vgl. hierzu auch die Flussdiagramme 2 bis 4 im Anhang ab Seite 97).

2.2.2.1 Intervention bei Beobachtung einer unangemessenen Situation

Sexuelle Grenzüberschreitungen fangen schon bei sexuell konnotierten Bemerkungen und unangemessenen Berührungen an. In Einrichtungen für Kinder und Jugendliche kommt es häufig zu entsprechenden Situationen. Bekommt eine pädagogische Fachkraft von einer Grenzüberschreitung Kenntnis, muss sie umgehend einschreiten und die eigene Haltung kommunizieren. Um eine angemessene unmittelbare Reaktion zeigen zu können, ist es hilfreich, wenn im Team bereits darüber gesprochen wurde, wie mit grenzverletzenden Situationen umgegangen werden kann. Eine Teamsitzung, in der die Reaktion bei Beobachten einer unangemessenen Situation sowie die Folgen und das weitere Vorgehen (z.B. an wen man sich wenden kann, wer informiert werden muss und wie die anschließenden Gespräche ablaufen sollen) durchgesprochen werden, bereitet alle Mitarbeitenden darauf vor. Wird eine Situation sexueller Grenzüberschreitung oder Gewalt beobachtet, sollte die erste Reaktion ein Einschreiten und Beenden der Situation sein. Dabei sollten die Gründe, nämlich, dass nicht einvernehmliche und übergriffige sexuelle Verhaltensweisen nicht toleriert werden, klar benannt werden. Die Ablehnung gilt dabei dem Verhalten des übergriffigen Kindes bzw. Jugendlichen und nicht der Person selbst. Beim Erörtern der Situation ist ebenfalls zu beachten, dass dem*der Betroffenen keine Mitverantwortung gegeben werden darf. Sätze wie „Dazu gehören immer zwei" oder „Du hast das doch provoziert" sowie Fragen, warum der*die Betroffene sich nicht gewehrt habe, sind unangebracht. Betroffenen gebührt in dem Moment emotionale Zuwendung und Vertrauen, damit sie nicht den Eindruck haben, mit dem Vorfall lästig zu sein oder sich dafür schämen zu müssen. Wichtig ist vor allem, den Beteiligten zu zeigen und zu verbalisieren, dass der Vorfall bemerkt wurde und eine weitere Klärung möglichst bald – am besten noch am selben Tag – erfolgen wird. Wenn es die Umstände erlauben, kann den Kindern bzw. Jugendlichen für das Gespräch angeboten werden, sich einer Person ihrer Wahl anzuvertrauen, da die Beziehung z.B. im Rahmen des Bezugsbetreuersystems in Wohngruppen der zentrale Schlüssel für ein offenes Miteinander ist. Auch die Leitungsperson kann durchaus als neutrale Gesprächsperson für die Beteiligten agieren.

Im Anschluss an die unterbrochene Situation sollte das weitere Vorgehen mit der Einrichtungsleitung und den gewählten Ansprechpersonen der involvierten Kinder bzw. Jugendlichen besprochen werden. Ein solches Gespräch ist sowohl für die intervenierende Fachkraft hilfreich, um die erlebte Situation zu reflektieren, als auch für die Ansprechpersonen der Beteiligten, die so das Gespräch vorbereiten und eventuell vorstrukturieren können.

Das übergriffige Kind bzw. der übergriffige Jugendliche sollte (in Abwesenheit des betroffenen Kindes bzw. Jugendlichen) möglichst direkt oder zumindest zeitnah mit dem Verhalten konfrontiert werden. Signalisiert oder äußert das Kind bzw. der Jugendliche dringenden Gesprächsbedarf, sollte es zu keiner zeitlichen Verzögerung kommen. Es soll in dem Gespräch nicht darum gehen, das Kind bzw. den Jugendlichen zu bestrafen – vielmehr braucht auch der*die Übergriffige in der Offenbarungssituation Unterstützung. Ihm*ihr sollte vermittelt werden, dass das *Verhalten* abgelehnt wird, nicht die Person selbst und dass man ihm*ihr zutraut, ein solches grenzüberschreitendes Verhalten zukünftig zu unterlassen. Das heißt, es muss einerseits eine Bewertung des Verhaltens sowie eine strikte Unterlassung für die Zukunft ausgesprochen werden, andererseits aber auch sensibel auf die Hintergründe und Probleme des Kindes eingegangen werden. Das Wesentliche in der Gesprächsführung ist, in Beziehung mit dem Kind bzw. Jugendlichen zu bleiben und authentisch zu agieren. Möglicherweise reicht ein solches entschiedenes und ernstes Gespräch bereits aus, damit sexuell unangemessene Verhaltensweisen zukünftig unterlassen werden.

Auch dem betroffenen Kind/Jugendlichen sollte möglichst sofort ein Gesprächsangebot gemacht werden, um die Situation zu besprechen. Auch hier sollte es zu keinem Aufschub des Gespräches kommen, wenn der*die Betroffene dringenden Gesprächsbedarf äußert oder signalisiert. Im folgenden Kapitel wird die Gesprächsführung genauer beschrieben.

In den meisten Fällen verbleiben Opfer und Täter*in zunächst oder dauerhaft in derselben Einrichtung oder Gruppe. Daher muss auch ein Gespräch stattfinden, in dem der weitere Umgang der Beteiligten miteinander besprochen und Vereinbarungen getroffen werden.

Das weitere Vorgehen (Folgemaßnahmen, Einbezug der Sorgeberechtigten usw.) wird im Anschluss mit der Einrichtungsleitung, dem Team und eventuell mit einer insoweit erfahrenen Fachkraft besprochen. Auch über sexualpädagogische Maßnahmen für die Gruppe sollte nachgedacht werden. Außerdem ist eine ausführliche Dokumentation des gesamten Vorgangs unerlässlich.

Bei wiederholten oder erheblichen Grenzverletzungen Einzelner ist mitunter gezieltere Hilfe nötig, als diese von Sorgeberechtigten oder unmittelbar zuständigen pädagogischen Mitarbeitenden der Einrichtung geleistet werden kann. In solchen Fällen sollten externe Fachberatungsstellen oder therapeutische Praxen bzw. Einrichtungen konsultiert werden. Übergriffige Kinder und Jugendliche haben häufig selbst negative Erfahrungen gemacht, die zu ihrem aggressiven und unangemessenem Verhalten führen. Mit therapeutischer Hilfe können sie diese Probleme und Erfahrungen besprechen und bearbeiten und eine bessere Nähe-Distanz-Regulation sowie ein angemessenes Sozialverhalten lernen. Dabei ist das Ziel, zukünftiges grenzverletzendes Verhalten zu verhindern und Respekt und Fairness im Umgang mit anderen zu lernen. Eine Einbindung des sozialen Umfeldes und der Bezugspersonen ist für eine erfolgreiche Therapie unerlässlich. Möglicherweise sind auch eine intensivere Therapie und somit ein stationärer Aufenthalt in einer spezialisierten Einrichtung notwendig, da entsprechende Maßnahmen gegebenenfalls nicht im gewohnten Umfeld wirksam werden können. Abhängig vom Schweregrad des Übergriffs, der Häufung des Verhaltens und der Einsicht des Kindes bzw. Jugendlichen muss über entsprechende Maßnahmen und Therapien individuell entschieden werden.

2.2.2.2 Gesprächsführung

2.2.2.2.1 Gespräch mit dem betroffenen Kind oder Jugendlichen

Eine häufige Befürchtung vor einem Gespräch mit Kindern und Jugendlichen über sexuelle Gewalt ist, dass diese sich nicht öffnen, nicht über vorgefallenen sexuellen Missbrauch reden oder entsprechende Erfahrungen bei Nachfrage sogar verneinen bzw. eine einmal getroffene Aussage zurücknehmen. Die aktuelle Forschungslage belegt das Gegenteil. Betroffene öffnen sich häufig erst durch aktives Nachfragen gegenüber ihren Bezugspersonen (Collings et al., 2005). Die Gründe für ein Verschweigen oder Leugnen von sexuellen Gewalterfahrungen sind eher fehlende Gesprächsgelegenheiten oder Druck bzw. Drohungen von den Täter*innen. Ein Kontaktaufbau und vertrauliches Gesprächsangebot sollte also nicht gescheut werden. Dabei muss nicht befürchtet werden, dass ein traumatisches Erlebnis wieder aufgewühlt oder eine emotionale Krise ausgelöst wird – im Gegenteil stellt das Erzählen einer sexuellen Gewalterfahrung meistens eher eine Entlastung für die Betroffenen dar, auch wenn es zunächst ein schwerer Schritt ist. Das Gespräch mit vermutlich betroffenen Kindern und Jugendlichen sollte also unbedingt gesucht werden, wobei dem Kind bzw. Jugendlichen mit Ruhe und Geduld gegenüberzutreten ist.

Das Gespräch mit einem (vermutlich) betroffenen Kind bzw. Jugendlichen sollte mit der Leitung und möglicherweise auch im Team gut vorbereitet und nicht überstürzt geführt werden. Wenn nötig, kann auch eine insoweit erfahrene Fachkraft in die Vorbereitungen mit einbezogen werden. Für das Gespräch sollte ein ruhiger Raum gefunden und genügend Zeit eingerichtet werden.

Im Gespräch wird zunächst das Thema sexuelle Gewalt von der pädagogischen Fachkraft angesprochen. Je nach Kenntnisstand des Kindes kann und sollte in einfacher und altersangemessener Sprache erklärt werden, was sexuelle Gewalt ist. Dabei dürfen entsprechende Begriffe nicht gescheut werden, um dem Kind bzw. Jugendlichen zu vermitteln, dass es völlig in Ordnung ist, über das Thema zu reden und dass es der pädagogischen Fachkraft selbst nicht unangenehm ist.

Die Frage nach erlebten sexuellen Übergriffen muss daraufhin ergebnisoffen und *ohne Suggestionen* angesprochen werden, d. h. es dürfen keine Vermutungen oder Vorschläge bezüglich des Vorliegens sexueller Gewalt formuliert werden (z. B.

„Der Mann hat ..., oder?“). Non-verbale Verhaltensweisen (z.B. selektives Lächeln oder Verstärken, Stirnrunzeln, usw.) haben bisweilen ein noch höheres Suggestionspotenzial. Erwartungshaltungen und Vorannahmen vonseiten der Fachkraft sollten weitestgehend abgelegt werden. Suggestive Fragen können dazu führen, dass Kinder und Jugendliche im Gespräch über Ereignisse reden, die gar nicht stattgefunden haben, da sie selbst eine Überzeugung davon entwickeln, dass das so passiert sein muss. Ein suggestives Vorgehen kann Erinnerungen nachhaltig beeinflussen, verändern und überlagern (vgl. hierzu zum Ausmaß induzierter Falschaussagen, welches vielleicht auch in der Literatur bislang überschätzt wurde, die Übersicht von Brewin und Andrews [2017]). Vor allem jüngere Kinder sind empfänglich für Suggestionen. Stattdessen sollten offene Fragen gestellt werden (wie z.B. „Hast du so etwas schon einmal erlebt?“ oder „Kennst du solche Situationen, in denen du dich nicht wohlgefühlt hast?“), um den Kindern bzw. Jugendlichen zu vermitteln, dass sie offen davon erzählen können, was ihnen passiert ist, aber auch die Möglichkeit haben, sexuelle Gewalterfahrungen zu verneinen. Es ist also ein freier Bericht zu fördern, in dem keine zeitliche Abfolge oder Einordnung verlangt wird. Wird etwas nicht verstanden, muss offen und mit den vom Kind verwendeten Begrifflichkeiten nachgefragt werden. Als-ob-Fragen, Puppen oder Spielmaterialien regen die Fantasie-Ebene an und sollten vermieden werden. Ebenso dürfen Situationen im Spiel oder Zeichnungen nicht gedeutet oder als Abbildung einer geschehenen Realität gesehen werden, da auch diese der Fantasie entsprungen bzw. von Erwachsenen falsch interpretiert worden sein können.

Werden Vermutungen sexueller Missbrauchserfahrungen verneint, muss diese Zurückweisung ernst genommen werden. Nur ein Teil der Betroffenen verneint einen Missbrauch fälschlicherweise, insbesondere aber dann, wenn die Betroffenen sich noch in einer ungeschützten, bedrohlichen oder abhängigen Situation befinden. Diese Kinder und Jugendlichen wissen im Anschluss an das Gesprächsangebot jedoch, dass es jemanden gibt, an den sie sich wenden können. Möglicherweise kommen sie später darauf zurück. In der Situation selbst kann die pädagogische Fachkraft nichts mehr tun. Jegliches weitere Nachfragen würde suggerierte Aussagen provozieren, die bei allen Beteiligten erhebliche Probleme mit sich bringen würden.

Ein Gesprächsangebot und Nachfragen führt in den meisten Fällen aber dazu, dass betroffene Kinder und Jugendliche sich öffnen und über sexuelle Missbrauchserfahrungen berichten. Vonseiten der pädagogischen Fachkraft sollte daraufhin eine gleichbleibende freundlich zugewandte und unterstützende, dabei aber gleichzeitig zur Sache neutrale Haltung ausgehen. Das Wichtigste ist nun, mit dem Kind bzw. Jugendlichen in Beziehung zu bleiben und sie*ihn in der Absicht, etwas mitzuteilen, zu unterstützen und Raum für das Gespräch zu geben. Ein „aktives Zuhören“ ist dabei wichtig. Das heißt, die pädagogische Fachkraft hört vor allem zu, während das Kind bzw. der Jugendliche erzählt; Fragen und Kommentare werden weitestgehend vermieden oder nur sehr kurz gehalten. Dass aufmerksam zugehört wird, kann durch ein Nicken oder „mhh" verdeutlicht werden; Verständnis für das Empfinden des*der Betroffenen kann durch Sätze wie „Das kann ich mir vorstellen" geäußert werden. So vermittelt man dem*der Erzählenden Wertschätzung und Empathie und ermutigt sie*ihn weiter zu erzählen. Erzählpausen dienen dazu, weitere Details aus dem Gedächtnis abzurufen und in Worte zu fassen, deshalb ist es wichtig, befragten Kindern und Jugendlichen diese Pausen einzuräumen. Selbst gut gemeinte „Erinnerungshilfen", Aufmunterungen oder Fragen können den Erinnerungsprozess stören und sollten unterlassen werden. Körperkontakt wie beispielsweise eine Umarmung sollte nicht von der Fachkraft initiiert werden. Weint das Kind bzw. der Jugendliche kann Zuwendung durch Worte oder Gesten gezeigt werden. Eine zu starke oder dramatisierte Betroffenheit führt bei den Kindern und Jugendlichen zu Verunsicherungen. Als Vertrauensperson sollte man den Betroffenen emotional stabil und authentisch begegnen, denn nur so vermittelt man den Eindruck, dass wirklich *alles* erzählt werden kann und dass Erzähltes geglaubt und nicht bagatellisiert wird (vor allem im Hinblick auf Übergriffe durch Gleichaltrige), aber auch, dass die zuhörende Person in der Lage ist, mit den Informationen adäquat umzugehen. Personen oder Handlungen sollten nicht bewertet werden („gut", „schlecht", „falsch", „harmlos", „nicht so schlimm"). Auch ein drängendes Sprechen durch eine bestimmte Wortwahl („Du hast doch ...", „Ich weiß, dass ..."), Intonation, Mimik oder Gestik sollte unterlassen werden, da der Druck das Kind eher vom weiteren Erzählen abhalten als ermutigen wird. Ist das Kind mit seiner Erzählung fertig, kann es mit offenen Fragen und ohne Druck zu weiteren Erzählungen ermuntert werden („Ist noch mehr passiert?", „Möchtest du noch etwas erzählen?"). Jedoch bleibt es hier dem*der Betroffenen überlassen, wie genau er*sie erzählt. Detaillierte Beschreibungen der sexuellen Handlungen sollten hier nicht erfragt werden und sind auch nicht notwendig. Viel wichtiger ist es, dem Kind bzw. Jugendlichen den Eindruck zu vermitteln, dass man als Ansprech- und Vertrauensperson da ist und er*sie jederzeit und mit *allen* Problemen, Gedanken und Vorfällen kommen kann. Falls es im Verlauf des Gesprächs nicht deutlich geworden ist, sollte geklärt werden, ob die Missbrauchserfahrungen in der Vergangenheit gemacht wurden oder ob momentan eine akute Gefahr besteht, da das für das weitere Vorgehen grundlegend entscheidend ist.

Zu einem Gespräch kann es auch ganz unerwartet kommen, wenn betroffene Kinder und Jugendliche sich spontan einer von ihr ausgewählten Ansprechperson anvertrauen. Das ist kein einfacher Schritt für Betroffene, weshalb es oft plötzlich und unerwartet und teilweise auch in unpassenden Momenten passiert. Wichtig ist hier eine besonnene und sichere Reaktion. Daher ist es sinnvoll, eine solche Situation vorher einmal mit der Einrichtungsleitung und dem Team durchzusprechen. Wie sollte meine Reaktion aussehen? Was soll ich dem Kind sagen? Wen *kann* ich zu Rate ziehen und wen *muss* bzw. *darf* ich informieren? Ein Besprechen und Durchspielen im Team schafft Sicherheit. Betroffene suchen sich ihre Vertrauenspersonen häufig gezielt aus und testen mit Hinweisen und Andeutungen die Reaktionen der Fachkräfte bevor sie sich mitteilen. So können sie sicher sein, dass sie sich an eine vertrauenswürdige und emotional stabile Person wenden, die ihnen im Disclosure-Prozess Hilfe geben und Sicherheit vermitteln kann.

Auch die Rolle von Praktikant*innen darf hierbei nicht unterschätzt werden: Praktikant*innen sind altersmäßig näher an den Kindern und Jugendlichen dran, haben häufig einen guten Draht und genug Zeit, sodass Betroffene sich nicht selten auch gegenüber Praktikant*innen öffnen. Darauf sollten Praktikant*innen in Einrichtungen, in denen sie mit Kindern und Jugendlichen arbeiten, vorbereitet werden.

Die angesprochene Person sollte sich im Folgenden um den*die Betroffene kümmern bzw. ihn*sie im weiteren Prozess begleiten, das entgegengebrachte Vertrauen wertschätzen und ihn*sie nicht an eine Fachberatungsstelle oder erfahrenere Kolleg*innen „abgeben“. Kommt ein*e Betroffene*r also auf eine pädagogische Fachkraft zu, sollte diese zunächst ruhig und sicher reagieren und dann umgehend, d.h. am besten sofort und keinesfalls erst am nächsten Tag, einen ruhigen Raum finden und Zeit einräumen, um dem Kind bzw. Jugendlichen zuzuhören. Das Gespräch sollte nicht unterbrochen oder gestört werden. In dem ersten Gespräch geht es nicht darum, möglichst viele Details zu erfahren oder viele Antworten zu bekommen. Wichtig ist vor allem ein aktives Zuhören sowie Zuwendung und emotionale Unterstützung. Hinweise zur weiteren Gesprächsführung wurden bereits beschrieben.

Sowohl bei geplanten Gesprächen als auch bei spontanen Äußerungen vonseiten der Kinder und Jugendlichen muss am Ende des Gesprächs das weitere Vorgehen gemeinsam besprochen werden. Liegt der Missbrauch in der Vergangenheit und besteht aktuell keine Gefahr für weitere Übergriffe, gilt die Schweigepflicht und es kann beim Kind bzw. Jugendlichen lediglich darauf hingewirkt werden, dass er*sie die Erfahrung mit therapeutischer Begleitung aufarbeitet. Bei aktuellem Missbrauch muss jedoch gemeinsam besprochen werden, dass die pädagogische Fachkraft zum Wohle des Kindes handeln und die Einrichtungsleitung (soweit nicht involviert), den Träger und eventuell eine externe Fachberatung in den anstehenden Hilfeprozess miteinbeziehen muss. Um die Vertrauensgrundlage zwischen dem*der Betroffenen und der pädagogischen Fachkraft aufrecht zu erhalten, ist es wichtig, dass die Notwendigkeit dieses Schrittes besprochen und plausibel erklärt wird und dass es kein „Verraten“ vonseiten der Fachkraft darstellt, sondern das Einleiten eines Hilfeprozesses. Die Kinder bzw. Jugendlichen verstehen es auch, wenn die Vertrauensperson erst einmal über das weitere Vorgehen nachdenken oder sich informieren muss und die weitere Planung auf ein späteres gemeinsames Gespräch verschiebt. Wichtig ist nur, dass es im gesamten Hilfeprozess zu einer transparenten Kommunikation und Absprache mit dem*der Betroffenen kommt, um die Vertrauensgrundlage zu halten.

Eine gute und ausführliche *Dokumentation* nach dem Gespräch kann vor allem für ein eventuelles späteres Strafverfahren von großer Bedeutung sein. Das Kind wird während des Verfahrens detailliert aussagen müssen. Sollte es in diesem Rahmen zu anderen oder unklaren Angaben kommen, kann eine detaillierte Dokumentation oder im besten Fall eine audiovisuelle Aufzeichnung des ersten Gesprächs eine wichtige Informationsquelle darstellen. Ausführliche Hinweise zur Gesprächsführung im Rahmen eines Strafverfahrens finden sich in Niehaus, Volbert und Fegert (2017). Eine pädagogische Fachkraft führt als erste Ansprechperson sicherlich keine Befragung im Rahmen eines Strafverfahrens durch (die Aufgabe einer pädagogischen Fachkraft besteht nicht in Fallermittlungen), doch in der genannten Quelle sind ausführliche Beschreibungen zu suggestiven Verhaltensweisen sowie entwicklungspsychologischen und -pathologischen Aspekten zu finden, die für jedes Gespräch hilfreich sein können.

2.2.2.2.2 Gespräch mit dem übergriffigen Kind/Jugendlichen

Die Angst vor Konsequenzen (Heimplatz verlieren, evtl. strafrechtliches Verfahren, Eintrag in Jugendamtsakte) oder Scham und Schuldgefühle erschweren übergriffigen Kindern und Jugendlichen das Erzählen von ihrem sexuell übergriffigen Verhalten. Zudem werden sie häufig schnell dafür verurteilt. Es darf dabei nicht vergessen werden, dass der Hintergrund des sexuell übergriffigen Verhaltens häufig selbst erlebte Gewalt und emotionale Vernachlässigung ist. Auch deshalb sollte das Gespräch mit dem übergriffigen Kind von einer anderen Person geführt werden als das Gespräch mit dem betroffenen Kind, da diese dann unvoreingenommen und adäquat mit dem Täter bzw. der Täterin reden und auf dessen Probleme und eigene Vorgeschichte eingehen kann. Außerdem können die jeweiligen Fachpersonen in den folgenden Teambesprechungen bezüglich des Vorfalls „ihren" Klienten (betroffenes bzw. übergriffiges Kind) „vertreten" und dafür sorgen, dass er fair behandelt wird und ebenfalls größtmögliche Unterstützung erhält. Führt dennoch die gleiche Person beide Gespräche, sollte zunächst mit dem betroffenen Kind geredet werden – ein wichtiges Signal gegenüber dem übergriffigen Kind bzw. Jugendlichen.

Das Gespräch mit dem übergriffigen Kind bzw. Jugendlichen ist ein Balanceakt: Einerseits soll der*die Übergriffige zu seinem*ihrem Verhalten Stellung beziehen und Einsicht in sein*ihr Fehlverhalten zeigen, andererseits fällt es ihm*ihr aus den oben genannten Gründen schwer, von seinem*ihrem Verhalten zu erzählen und er*sie wird somit versuchen, die Handlungen zu verschweigen, zu bagatellisieren oder Rechtfertigungsgründe nennen. Es ist also wichtig, den Kindern und Jugendlichen eine Möglichkeit zu geben, sich zu äußern und ihre Beweggründe für den sexuellen Übergriff darzulegen. Dafür ist es wichtig, mit Ruhe und Klarheit in das Gespräch zu gehen. Eine Bagatellisierung darf nicht zugelassen werden – im Gegenteil ist das Ziel, ein Bewusstsein von Unrecht beim Kind bzw. Jugendlichen zu schaffen. Ein ungestörter Gesprächsrahmen ist dafür unabdingbar.

Das Gespräch muss auf Augenhöhe stattfinden, damit das Kind bzw. der Jugendliche sich der pädagogischen Fachkraft anvertrauen kann – sowohl bezüglich der sexuellen Übergriffe als auch im Hinblick auf eigene (sexuelle) Gewalterfahrungen. Zunächst sollte der Gesprächsanlass genau benannt werden. Dabei kann auch aufgeführt werden, was man über den sexuellen Übergriff weiß. Das sexuell grenzverletzende Verhalten muss klar benannt und abgelehnt werden. Gleichzeitig ist der Person selbst mit Wertschätzung entgegenzutreten. Eine klare Position zu Recht und Unrecht vonseiten der Fachkraft ist wichtig für das Kind bzw. den Jugendlichen; er*sie braucht kein diffuses „Beschützerverhalten“, sondern ein unterstützendes Gegenüber. Für das Gespräch sowie für die weitere pädagogische Arbeit mit dem Kind bzw. Jugendlichen ist es wichtig, dass er*sie einsieht, dass das Verhalten falsch war. Nur so kann er*sie Abstand von dem Verhalten nehmen und lernen, die Grenzen anderer Menschen in Zukunft zu respektieren und einzuhalten. Ein weiterer Punkt im Gespräch ist die Frage nach dem Warum. Dabei müssen eigene Gewalterfahrungen sowie der Entwicklungsstand des*der Übergriffigen miteinbezogen werden.

Suggestive Fragen und Verhaltensweisen müssen auch in diesem Gespräch unbedingt vermieden werden. Auch wenn die Fachkraft bereits Vorkenntnisse zur entsprechenden Situation hat, müssen Fragen unbedingt offen gestellt (offene „W-Fragen“) und auf die Antworten zunächst konsistent neutral eingegangen werden, um suggestives Verhalten (z.B. Stirnrunzeln oder selektives Verstärken) auszuschließen. Der Vorfall kann in einzelnen Handlungssequenzen durchgesprochen werden, um den Überblick zu behalten und Details genau zu besprechen. Eine zeitliche korrekte Abfolge sollte dabei nicht gefordert werden. Es ist auf mögliche Manipulationen, Tricksereien und Bagatellisierungen vonseiten des*der Übergriffigen zu achten. Auch darf die pädagogische Fachkraft keine Verschwiegenheit versprechen. Verläuft das Gespräch gut, sollten die Fortschritte immer wieder wertgeschätzt werden, um dem Kind/Jugendlichen zu zeigen, dass man ihm*ihr zutraut, ein solches Verhalten in Zukunft zu unterlassen.

Folgende Aufforderungen und Fragen können hilfreich sein, über eine bereits erzählte Situation Genaueres zu erfahren. Es ist jedoch darauf zu achten, Suggestionen zu vermeiden. Verneint der*die Übergriffige ein Verhalten, darf nicht wiederholt dazu gefragt werden, da das eine Erwartung suggeriert, dass oder wie etwas passiert sein muss.

Hilfreiche Fragen

- Talking about talking: „Was macht es schwer, über die Situation zu reden?“ oder „Was würde es dir leichter machen, darüber zu reden?“
- Skalierungsfragen zu Gefühlen, z.B. „Wieviel Angst hast du auf einer Skala von 1 bis 10?“

- „Wie ging es dir in der Situation?" „Wie hast du dich gefühlt?"
- „Was hast du da gedacht?"
- „Was hast du da zu dir selbst gesagt?"

Im Gespräch können nicht suggestive Bemerkungen wie „Ich war ja nicht dabei, kannst du mir das genauer erzählen?", „Wie ging es weiter?" oder „Das habe ich nicht genau verstanden. Kannst du das noch einmal genau beschreiben?" das Kind bzw. den Jugendlichen dazu ermuntern, weiter bzw. genauer zu erzählen. Ausführliche Hinweise zu nicht suggestiven Fragetechniken sind in Niehaus et al. (2017) zu finden, wobei zu beachten ist, dass dieses Buch Befragungen im Strafverfahren behandelt und die Hinweise entsprechend an die eigene Situation als betreuende pädagogische Fachkraft und erste Ansprechperson anzupassen sind.

Im Anschluss an das Gespräch sollte mit dem Kind bzw. Jugendlichen besprochen werden, dass er*sie (therapeutische) Hilfe braucht. Auch die eigene Unterstützung und Begleitung im weiteren Hilfeprozess sollte im Rahmen dessen angeboten werden. Außerdem muss deutlich gemacht werden, dass das Verhalten Konsequenzen (womöglich auch strafrechtliche) nach sich ziehen wird. Die einrichtungsinternen Konsequenzen sollten nicht ausschließlich einen strafenden Charakter haben, sondern eine Hilfestellung, damit der*die Übergriffige sexuelle Übergriffe in Zukunft unterlässt.

2.2.2.2.3 Informieren der Eltern der beteiligten Kinder und Jugendlichen

Erfahren Eltern von sexueller Gewalt gegenüber dem eigenen Kind, ist das erst einmal schwer zu begreifen. Dass Mitbewohner*innen oder Freund*innen am eigenen Kind sexuell übergriffig geworden sind, ist ebenso schwer zu fassen wie sexuelle Gewalt durch Betreuer*innen, denen sie ihr Kind anvertraut haben. Häufig bringt eine solche Nachricht eine extreme emotionale Erschütterung mit sich.

Die Reaktion auf eine solche Nachricht ist nicht selten zunächst Unglaube, Schuldgefühle, Mitleid aber auch eigene Betroffenheit und Schmerz. Auch Ablehnung und Hass gegenüber dem Täter bzw. der Täterin können entstehen. Die Verarbeitung kann ganz unterschiedlich aussehen. Die einen möchten die Erfahrung einfach vergessen, nicht dran denken oder erinnert werden und den Vorfall als „abgehakt" erklären; die anderen versuchen ihre Fassungslosigkeit durch eine ständige Überprüfung der Details zu überwinden und stellen ihrem Kind immer wieder die gleichen Fragen. Ideal ist ein Mittelweg, bei dem das Kind nicht ständig über das Erlebte sprechen muss und so keinen Abstand gewinnen kann, aber dennoch in den Eltern stabile und unterstützende Vertrauenspersonen finden kann, die da sind, wenn Rede- oder emotionaler Unterstützungsbedarf besteht. Möglicherweise sucht das Kind nach den Übergriffen nach vermehrtem Schutz und Sicherheit, jedoch ist eine übermäßige Wachsamkeit oder Habachtstellung vonseiten der Eltern nicht hilfreich dabei, dass das Kind sich vom Erlebten erholt und selbstbewusst und sicher wieder in den Alltag findet. Dieser „Spagat" ist keine leichte Aufgabe für Eltern von betroffenen Kindern. In einer solchen Situation geben Alltagsroutinen einen guten Halt, deshalb sollten die Routinen, bei denen eine Aufrechterhaltung möglich ist, wie z. B. Bettgehzeiten, erhalten werden. Weitere Hinweise können dem „Ratgeber Sexueller Missbrauch. Informationen für Eltern, Lehrer und Erzieher" (Goldbeck, Allroggen, Münzer, Rassenhofer & Fegert, 2017b) entnommen werden.

Das Gespräch ist für die Eltern eine wichtige Hilfestellung im Umgang mit der Situation. Dabei ist es wichtig, dass die Aufregung, Ängste und Sorgen der Eltern ernst genommen und besprochen werden. Außerdem muss vermittelt werden, dass alles getan wird, um die Übergriffe zu beenden und der Schutz des Kindes in der Einrichtung ein hohes Gut ist. Es sollte genau besprochen werden, was die nächsten Schritte sind und die Institution muss die Verantwortung für die Übergriffe und das weitere Vorgehen in der Gruppe übernehmen. Neben dem Austausch mit den Fachkräften der Einrichtung brauchen die Eltern bzw. Sorgeberechtigten betroffener Kinder und Jugendlicher zudem professionelle Unterstützung, um während des Hilfeprozesses emotional stabil und unterstützend agieren zu können. Dafür gibt es zahlreiche Hilfeangebote bei Beratungsstellen, dem Jugendamt oder psychotherapeutischen/psychiatrischen Einrichtungen. Auch die Möglichkeit einer Strafanzeige sollte mit den Eltern besprochen werden. Die pädagogische Fachkraft sollte den Eltern Unterstützung während des Hilfeprozesses anbieten und mit den entsprechenden Hilfestellen eng zusammenarbeiten.

Auch ein Gespräch mit den Eltern des übergriffigen Kindes bzw. Jugendlichen steht an. Die Nachricht, dass das eigene Kind sexuell übergriffiges Verhalten gezeigt hat bzw. zeigt, ist ebenfalls schwer zu fassen und schockierend für die meisten Eltern. Auch dieses Gespräch muss ruhig und klar geführt werden. Dabei muss deutlich werden, dass nicht das Kind, sondern sein Verhalten abgelehnt wird. Das heißt, es wird alles getan, um das übergriffige Verhalten zukünftig zu verhindern und gleichzeitig hinterfragt, was Auslöser und Hintergrund für die Situation waren. Es ist wichtig, den Eltern übergriffiger Kinder und Jugendlicher mitzuteilen, dass ihr Kind nun nicht als „Täter*in" stigmatisiert und von Kindern und Fachkräften gedemütigt und bloßgestellt wird. Seine Intimsphäre wird möglichst bewahrt, indem die Informationen über den Vorfall sinnvoll begrenzt werden. Außerdem werden weitere Maßnahmen mit den Eltern besprochen; Transparenz ist für die Vertrauensbasis unabdinglich.

Eltern von übergriffigen Kindern und Jugendlichen erleben häufig Schuldgefühle, fühlen sich unzulänglich in ihrer Erziehung und haben das Gefühl, etwas falsch gemacht zu haben. Umso wichtiger sind Einfühlungsvermögen, Verständnis, Klarheit und Offenheit während des gesamten Gesprächs und anstehenden Hilfeprozesses. Professionelle Unterstützung zusätzlich zur Absprache mit den Fachkräften kann auch für Eltern übergriffiger Kinder und Jugendliche sinnvoll sein.

2.2.2.3 Emotionale Belastungen und Krisen

Sexuelle Gewalterfahrungen führen häufig zu emotionalen Belastungen und Krisen, die mit Ängsten, Zurückgezogenheit, Schreckhaftigkeit, Hyperaktivität und Gereiztheit einhergehen können. Jedoch können starke emotionale Belastungen bei Kindern und Jugendlichen auch andere Verhaltensweisen auslösen, wie z.B. Albernheit, Aggression oder Wut. Meistens ist vor allem eine Veränderung gegenüber dem gewohnten Verhalten zu erkennen.

Da eine emotionale Belastung jedoch nicht unbedingt beobachtet werden kann, müssen von Gewalt betroffene Kinder und Jugendliche danach gefragt werden. Dafür sollte ein Gespräch in einem geschützten Rahmen stattfinden.

Mit Fragen wie „Du wirkst im Moment sehr belastet (angespannt/traurig/...). Möchtest du darüber sprechen, was dich beschäftigt?“ und „Kann ich dir irgendwie helfen, damit es dir wieder besser geht?“ kann dem Kind bzw. Jugendlichen ein Gesprächsangebot gemacht werden. In dem Gespräch sollte offen und verständnisvoll auf das Kind bzw. den Jugendlichen eingegangen werden. Sollte sich herausstellen, dass das Kind stark belastet ist und eine emotionale Krise erlebt, kann die angesprochene Fachperson eine wichtige Vertrauensperson und Unterstützer*in sein. Gemeinsam mit dem Kind bzw. Jugendlichen können dann Möglichkeiten erarbeitet werden, wie eine aktuelle Krise bewältigt werden kann. So können Ablenkungen, wie beispielsweise Spaziergänge, Sport, lesen, Musik hören oder malen, sowie ein vermehrter Kontakt zu Freund*innen hilfreich sein. Außerdem kann die pädagogische Fachkraft mit dem*der Betroffenen Entspannungs- und Achtsamkeitsübungen durchführen. Die Fachkraft muss dem Kind bzw. Jugendlichen auch vermitteln, dass sie weitere Gespräche führen können, wenn er*sie das will.

Die Belastung nach sexuellen Übergriffen kann jedoch auch so stark sein, dass das Kind bzw. der*die Jugendliche in der Kinder- und Jugendpsychiatrie/-psychotherapie vorstellig werden sollte. Die Unterstützung und möglicherweise notwendige Therapie kann dann nicht mehr die pädagogische Fachkraft übernehmen.

Besteht keine emotionale Belastung oder verneint das Kind bzw. der*die Jugendliche die Frage danach, sollte ihm*ihr angeboten werden, sich jederzeit zu melden, wenn ihn*sie etwas bedrückt. Außerdem sollte auf Verhaltensänderungen, heftige emotionale Reaktionen, plötzlichen Stimmungswandel und selbstverletzendes Verhalten geachtet werden.

2.2.2.4 Eigen- oder Fremdgefährdung

Die Erfahrung sexueller Übergriffe ist sehr belastend und kann Kinder und Jugendliche zu Verhaltensweisen bewegen, die man dem- oder derjenigen nicht zugetraut oder von ihm*ihr nicht erwartet hätte. Deshalb ist es wichtig, die Gefahr einer Eigen- oder Fremdgefährdung im Gespräch zu klären – auch bei Betroffenen, bei denen man nicht davon ausgeht. Unter selbst- oder fremdgefährdendes Verhalten fallen Suizidgedanken oder -versuche, riskantes Verhalten sowie fremdaggressives Verhalten. Diese Gefahr sollte direkt und klar erfragt werden (z.B. „Hattest du schon mal den Gedanken, nicht mehr leben zu wollen?“, „Hast du dich schon einmal verletzt oder dir Schmerzen zugefügt, z.B. wenn du besonders traurig oder wütend warst?“ oder „Bist du manchmal so wütend, dass du jemand anderen verletzen oder schlagen möchtest?“).

Die Befürchtung, jemanden durch die Frage nach der eigenen Befindlichkeit und der möglichen Gefahr einer Selbst- oder Fremdgefährdung auf „dumme Gedanken“ zu bringen, ist unbegründet. Durch eine Nachfrage entstehen solche Gedanken nicht. Sind sie jedoch bei dem*der Betroffenen vorhanden, ist eine Nachfrage meist entlastend. Auch die fragende Person erlebt meist Erleichterung, denn sie kommt so (wieder) in eine Position, aus der heraus sie handeln und Hilfsangebote machen kann. Es sollte sensibel aber offen über die Situation und dessen Dringlichkeit gesprochen werden.

Möglicherweise sind die Krise und die damit einhergehende Gefährdung nicht innerhalb der Einrichtung lösbar. Dann kann und sollte externe Unterstützung in Anspruch genommen werden. Die regionale kinder- und jugendpsychiatrische Klinik ist in solchen Fällen zuständig. Ist die Gefährdung akut, kann eine Vorstellung betreffender Kinder oder Jugendlicher in der Klinik auch gegen deren Willen erfolgen. In dem Fall sollte ein Notarzt bzw. eine Notärztin oder die Polizei hinzugezogen werden.

2.2.2.5 Interne Unterstützung im Team und der Einrichtung

Sexuelle Übergriffe in der eigenen Einrichtung können für alle Beteiligten sehr belastend sein. Umso wichtiger ist es, innerhalb des Teams und mit der Leitung gut zusammenzuarbeiten. Der erste Schritt ist dafür eine gute Vorbereitung für den Fall, dass es zu sexueller Gewalt kommt. Schulungen des Teams und der Leitung, sexualpädagogische Konzepte und andere präventive Maßnahmen (siehe Kapitel 2.1) sind wichtig, um in Situationen sexueller Gewalt zu wissen, was zu tun ist. Verbindliche Regelungen und eine gemeinsame Haltung bezüglich des Umgangs mit Hinweisen auf sexuelle Übergriffe sowie Vorfälle sexueller Gewalt müssen dabei vereinbart und im Rahmen eines (Kinder-)Schutzkonzeptes festgeschrieben werden.

Folgende Fragen können Anhaltspunkte zum Erstellen eines solchen Konzeptes sein:

- Wo beginnt Grenzüberschreitung?
- Wie kann ich eine Kollegin oder einen Kollegen darauf ansprechen, wenn mir eine Situation komisch vorkommt?
- An wen wende ich mich bei Unsicherheiten?
- Wie weit darf ich selber gehen?

In den erarbeiteten Regelungen muss eindeutig und speziell für die eigene Einrichtung festgelegt werden, was im (Verdachts-)Fall eines sexuellen Übergriffs genau zu tun ist. Dazu gehört aufzuschreiben, wem was erzählt werden *darf*, beispielsweise um sich emotionale Unterstützung oder fachlichen Rat zu holen, und wer informiert werden *muss*, wie z. B. die Einrichtungsleitung. In größeren Organisationen gibt es meist Ablaufdiagramme und Handlungsempfehlungen, die bei der Erstellung eines solchen Konzeptes zu Hilfe genommen und an die Einrichtung angepasst werden können.

Die Leitung hat eine besondere Rolle bei der Erarbeitung eines Schutzkonzeptes und sollte sich deshalb bei Unsicherheiten von einer (externen) Fachkraft ggf. bereits im Vorfeld eines Vorfalls sexueller Gewalt beraten lassen.

Neben der gemeinsamen Erarbeitung eines Schutzkonzeptes im Vorfeld sexueller Gewalt ist die Zusammenarbeit innerhalb des Teams vor und während der Klärung eines (Verdacht-)Falls wichtig, um im Sinne des Kinderschutzes zu handeln. Schwierige, unklare oder auffällige Situationen sollten während der Teamsitzung im Kollegium und mit der Leitung besprochen werden. Dabei kann überprüft werden, ob und in wie weit eine Wahrnehmung oder Einschätzung geteilt und wertvolle Impulse gegeben werden können. Gibt es lediglich auffällige Situationen, können Kolleg*innen gebeten werden, bestimmte Personen oder Situationen im Auge zu behalten und sich einen Eindruck zu verschaffen. Geht es bereits um die Klärung eines (Verdacht-)Falls, können und sollten Unsicherheiten und Probleme im weiteren Interventionsverlauf im Rahmen des Teams geteilt werden. Gemeinsam zu tragende Schritte sind dabei gegenüber allen zu kommunizieren. Geht es um sexuelle Übergriffe unter den Kindern und Jugendlichen, ist um einen offenen und wertschätzenden Umgang aller Beteiligten zu bitten. Abgesehen von der Klärung der Situation und dem Umgang mit dem Fall ist ein vertraulicher Austausch mit Kolleg*innen auch gut, um einer eigenen emotionalen Überlastung entgegenzuwirken.

Grundsätzlich anders verhält es sich, wenn die vermutlich übergriffige Person aus dem Kollegium ist. In dem Fall muss die Sache mit der Leitung und nicht mit dem Team besprochen werden. Weitere Schritte sind dann von der Leitung einzuleiten.

Der Leitung kommt im Falle sexueller Übergriffe in der Einrichtung eine besondere Rolle und nicht zuletzt die Verantwortung der Klärung zu. Pädagogische Fachkräfte sind deshalb verpflichtet, bei Vermutung eines sexuellen Übergriffes die Leitung der Institution zu informieren. Sollte diese in den Vorfall (vermutlich) involviert sein, ist die nächst höhere Leitungsebene bzw. der Träger zu kontaktieren. Die Leitung der Institution bzw. der Träger ist dann für angemessene Hilfen für alle Ebenen der Institution verantwortlich. Im Rahmen dessen stehen zahlreiche Fragestellungen und Aufgaben an:

- Ist die Vermutung berechtigt? Wird aus der Vermutung ein Verdachtsfall?
- Gibt es gewichtige Anhaltspunkte für eine Kindeswohlgefährdung? Einschätzung der Gefährdung mit beobachtenden Mitarbeitenden und einer insoweit erfahrenen Fachkraft.
- Entlastung der Person, die die Vermutung geäußert hat – auch durch Verantwortungsübernahme durch Leitung und begleitende Gespräche.
- Wer dokumentiert was, wann und wie?
- Müssen Personalentscheidungen getroffen werden (z. B. im Falle von involvierten Mitarbeitenden)?
- Sind weitere Kinder bzw. Jugendliche betroffen, die geschützt werden müssen?
- Wie kann das involvierte Kind begleitet werden? Was benötigt es?
- Wie soll die hausinterne Kommunikation aussehen?
- Was für Maßnahmen müssen getroffen werden, um den institutionellen Alltag wieder zu stabilisieren?
- Wie kann das Team momentan gestärkt werden? Was brauchen die einzelnen Teammitglieder?
- Was für langfristige Hilfsangebote kann es geben?
- Wie sieht eine angemessene Kooperation im Sinne des Kindeswohls mit den Strafermittlungsbehörden und Medien aus?
- Welche Informationen werden wann an die Sorgeberechtigten, Kooperationspartner bzw. ans (Landes-)Jugendamt weitergeleitet?
- Gibt es Aufsichtsbehörden, Jugendämter oder Vormünder, mit denen eine Meldepflicht vereinbart wurde?

Ein besonderer Fall ergibt sich, wenn sexuelle Übergriffe durch Kolleg*innen vermutet werden. Vor einem Gespräch mit der vermutlich übergriffigen Fachkraft, sollte die Leitung sich in einer Supervision durch eine ihr übergestellte Person, die im besten Fall Erfahrung in dem Bereich hat, beraten lassen. Während der darauffolgenden Konfrontation der vermutlich übergriffigen Fachkraft mit dem Verdacht sollte die Leitung authentisch Stellung beziehen. Ein Gespräch ist nicht zu führen, wenn dadurch der Schutz betroffener Kinder in Gefahr ist oder strafrechtliche Ermittlungen beeinträchtigt werden. Ist der Verdacht bereits erhärtet, steht die Überlegung einer kurzfristigen Freistellung unter Offenlegung der Gründe an, wobei ebenfalls gilt, dass dadurch weder der Kinderschutz noch strafrechtliche Ermittlungen beeinträchtigt werden dürfen. Ein solcher Schritt kann ggf. im Team offen kommuniziert werden.

Die Balance zwischen dem Schutzauftrag gegenüber den Kindern und Jugendlichen und dem Wohl der Mitarbeitenden ist keine leichte Aufgabe. Die Einrichtungsleitung kann und sollte sich deshalb durch eine externe Fachkraft mit Erfahrungen im Problembereich sexueller Gewalt coachen lassen. So werden Fehlentscheidungen reduziert und die Leitung sowie die Mitarbeitenden der Einrichtung entlastet.

In der Entscheidung, wie mit Vermutungen sexueller Übergriffe umzugehen ist, gilt es noch einen weiteren Blickwinkel einzunehmen. Gerade in Einrichtungen für Jugendliche mit psychischen Erkrankungen, insbesondere bei Kindern bzw. Jugendlichen mit starken Störungen der Beziehungsgestaltung, können durchaus unrealistische Wünsche nach Nähe auf die betreuende pädagogische Fachkraft projiziert werden. Diese unerfüllten Wünsche nach Nähe und Zärtlichkeit können bei psychisch kranken Kindern und Jugendlichen bisweilen dazu führen, dass Fantasien für real gehalten werden und in Aussagen wie „Ich wurde angefasst von ..." münden. Dies ist ein heikles Thema, bei dem es gilt, beide Parteien, d.h. sowohl die Mitarbeitenden als auch die Jugendlichen, ernst zu nehmen und zu schützen. Hier ist vor allem die Leitung in ihrer Verantwortung für alle Beteiligten sehr gefordert. Daraus resultierende Unsicherheiten im Team, wem Glauben geschenkt werden darf, sind vorhersehbar. Im Rahmen von psychotischen Erkrankungen bei Jugendlichen ist der sogenannte „Liebeswahn", der weit über Beziehungsideen hinausgehen kann, ein gar nicht so seltenes Phänomen, welches auch zu Falschbeschuldigungen und einer permanenten Sexualisierung von Alltaghandlungen führen kann. Auch in einem solchen Kontext ist es wichtig, nicht zuletzt zum Schutz beschuldigter Mitpatient*innen oder des Pflegepersonals oder von Angehörigen der Heilberufe entsprechenden Vorwürfen detailliert nachzugehen, diese zu dokumentieren und auch zu dokumentieren, dass das Ganze nicht so stattgefunden haben kann und wahnhaften Vorstellungen entspringt. Gerade auch in solchen Fällen, kann die Einbeziehung einer insoweit erfahrenen Fachkraft hilfreich sein, weil dadurch deutlich gemacht wird, dass externe Beratung gesucht wurde und nicht die Institution etwas „unter den Teppich kehrt". Auf diese Weise ist auch die Rehabilitierung zu Unrecht angeschuldigter Mitarbeiterinnen und Mitarbeiter einfacher.

2.2.2.6 Gefährdungseinschätzung

Im Fall sexueller Übergriffe muss eine Gefährdungseinschätzung vorgenommen werden, d.h. die aktuelle Situation des Kindes bzw. Jugendlichen muss erörtert werden, woraufhin eingeschätzt werden muss, ob eine akute Gefährdung für weitere Übergriffe, Drohungen oder Gewalt besteht. Bei dieser Überlegung können folgende Fragen miteinbezogen werden:

- Hat das Kind bzw. der Jugendliche eine schützende Bezugsperson?
- Gibt es Hinweise darauf, dass der Missbrauch fortgesetzt werden könnte?

- Ist der*die Betroffene anderen Gefahren, z. B. anderen Misshandlungs- und Vernachlässigungsformen ausgesetzt?
- Besteht Kontakt zwischen dem Kind bzw. Jugendlichen und der (vermutlich) übergriffigen Person?
- Besteht eine Abhängigkeit zum Täter bzw. zur Täterin?
- Besteht eine Eigen- oder Fremdgefährdung beim betroffenen Kind bzw. Jugendlichen, z. B. durch Suizidalität, Aggressivität, Drogen- oder Alkoholkonsum?
- Sind weitere Kinder oder Jugendliche durch die (vermutlich) übergriffige Person gefährdet?

Bei einer weiterhin anhaltenden Gefährdungslage, haben die Sicherheit der betroffenen Kinder und Jugendlichen und entsprechende Schutzmaßnahmen höchste Priorität!

2.2.2.7 Externe Unterstützungsmöglichkeiten

Externe Unterstützung kann im Klärungsprozess sexueller Gewalt eine große Hilfe sein. Erste Anlaufstellen können (Kinder- und Jugendlichen-)Psychotherapeut*innen und Psychiater*innen sowie (Kinder-)Ärzt*innen sein. In der genaueren Hilfeplanung sollten zudem trägerunabhängige spezialisierte Fachberatungsstellen oder eine insoweit erfahrene Fachkraft hinzugezogen werden. Deren Erfahrung in der Arbeit mit betroffenen Kindern und Jugendlichen sowie mit betroffenen Institutionen und der aus einem solchen Vorfall entstehenden Dynamik kann eine große Unterstützung im gesamten Hilfeprozess sein. Ein Zusammenstellen von Kontaktinformationen aller zuständigen Anlaufstellen speziell für die eigene Einrichtung verhindert, dass die Suche nach externen Unterstützungsmöglichkeiten und Zuständigkeiten erst in einer akuten Notsituation erfolgt. Alle pädagogischen Fachkräfte sollten Zugang zu einer solchen Liste von Ansprechpersonen und Unterstützungsmöglichkeiten speziell für die eigene Einrichtung haben (vgl. hierzu auch die „Arbeitshilfe: Ansprechpersonen“ im Anhang auf Seite 94). Anlaufstellen können dabei oben bereits genannte (Kinder- und Jugendlichen-)Psychotherapeut*innen, Psychiater*innen und (Kinder-)Ärzt*innen in der Umgebung sowie spezialisierte Fachberatungsstellen und die zuständige insoweit erfahrene Fachkraft, aber auch Kinderschutzzentren, das zuständige Jugendamt und Strafverfolgungsbehörden (Polizei, Staatsanwaltschaft) sein. Unterstützungsmöglichkeiten und Anlaufstellen sind neben weiteren wichtigen Hinweisen im „Ratgeber Sexueller Missbrauch. Informationen für Eltern, Lehrer und Erzieher“ (Goldbeck et al., 2017b) aufgeführt. Therapeutisch tätige Berufsgruppen finden im Leitfaden Kinder- und Jugendpsychotherapie „Sexueller Missbrauch“ (Goldbeck, Allroggen, Münzer, Rassenhofer & Fegert, 2017a) Handlungsempfehlungen und Leitlinien, um Sicherheit im Umgang mit Missbrauchsfällen bzw. Verdachtsfällen zu erlangen.

Ein Überblick über verschiedene Anlaufstellen für Fachkräfte bei sexuellen Übergriffen auf Kinder und Jugendliche ist in Abbildung 2 gegeben.

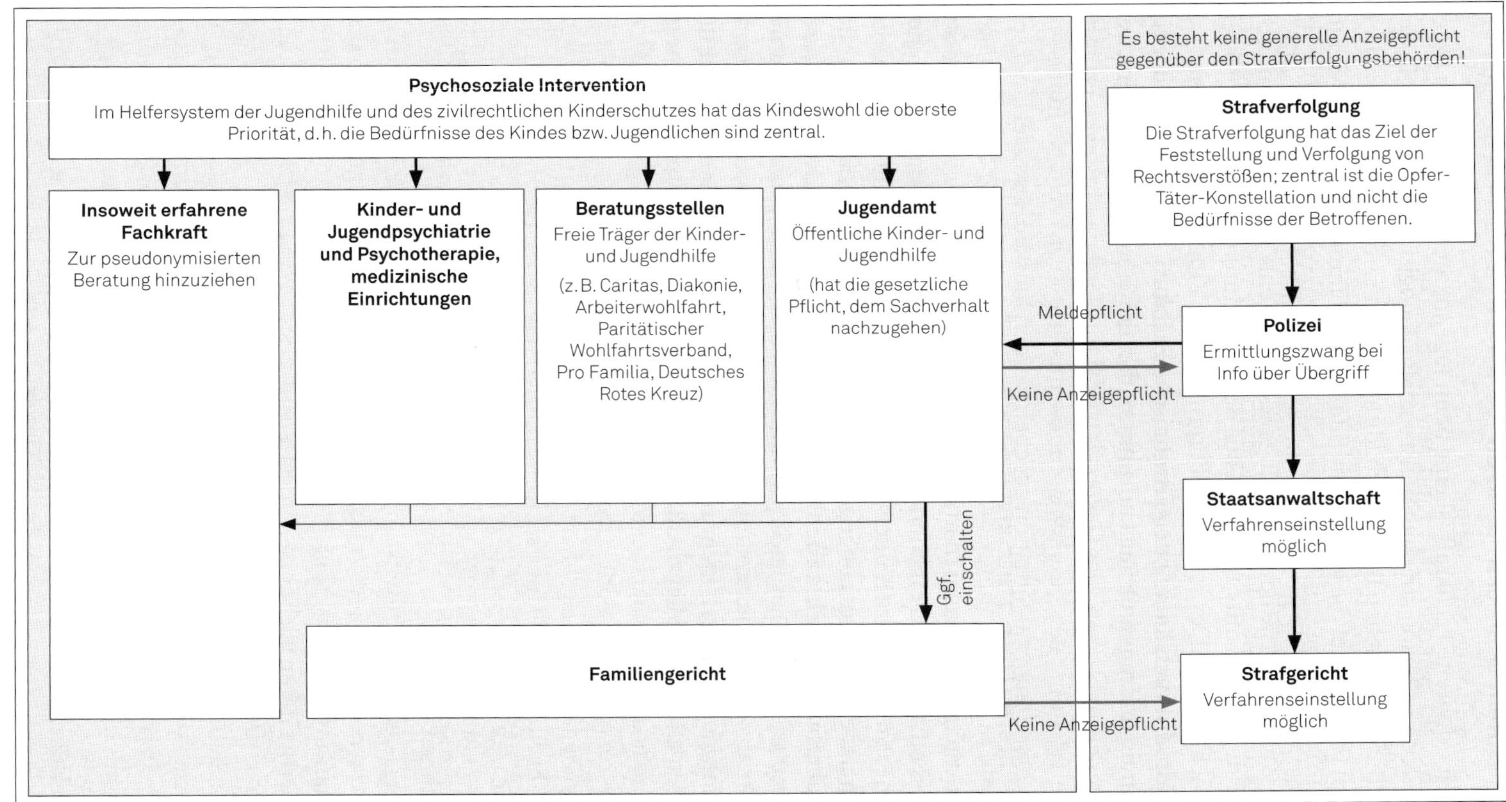

Abbildung 2: Anlaufstellen für Fachkräfte bei sexuellen Übergriffen auf Kinder und Jugendliche (mod. nach Goldbeck et al., 2017a)

2.2.2.7.1 Insoweit erfahrene Fachkraft

Eine insoweit erfahrene Fachkraft ist eine beim Jugendamt oder bei einem freien Träger angesiedelte Person mit einer meist sozialpädagogischen, psychologischen oder jugendhilfespezifischen Berufsausbildung („Fachkraft“) sowie mit Praxiserfahrungen im Hinblick auf die jeweiligen Hilfe- und Gefährdungskontexte bei Kindeswohlgefährdung („insoweit erfahren“). Nach §8b SGB VIII hat jede Person, die beruflich in Kontakt mit Kindern und Jugendlichen steht, gegenüber dem örtlichen Träger des Jugendamts Anspruch auf Beratung durch eine solche insoweit erfahrene Fachkraft. Gab es sexuelle Übergriffe in der Einrichtung oder wird sexuelle Gewalt vermutet, kann jede pädagogische Fachkraft Kontakt zum Jugendamt aufnehmen und um eine Auskunft bitten, bei der alle beteiligten Personen zunächst unerkannt bleiben. Das Gespräch wird dann von einer insoweit erfahrenen Fachkraft geführt, der lediglich pseudonymisierte (d.h. ohne Nennung von Namen) Informationen zur Situation gegeben werden müssen. Das Ziel einer solchen Beratung ist eine Beratung oder supervidierende Begleitung der Arbeit der fallverantwortlichen pädagogischen Fachkraft. Es können beispielweise gemeinsam Risikoeinschätzungen vorgenommen werden oder Gespräche mit beteiligten Kindern und Jugendlichen oder deren Eltern vorbereitet und nachbesprochen werden. Die beratende Fachkraft ist jedoch nicht beteiligt an der Fallarbeit und hat im Normalfall keinen Kontakt zu den Kindern bzw. Jugendlichen oder Eltern. Auch die Verantwortung des Handelns liegt bei der pädagogischen Fachkraft bzw. der Leitung der betroffenen Einrichtung. Wird eine pseudonyme Beratung durch eine insoweit erfahrene Fachkraft in Anspruch genommen, erfolgen weitere Schritte vonseiten des Jugendamtes nicht ohne die Zustimmung der Fachkraft, die beratungssuchend angerufen hat.

Neben der beim Jugendamt angesiedelten insoweit erfahrenen Fachkraft können pädagogische Fachkräfte sich anonyme und unabhängige Beratungen bei spezialisierten (Fach-)Beratungsstellen oder in Kinderschutzzentren holen. Die Beratung ist dort vertraulich, d.h. die Berater*innen unterliegen der Schweigepflicht. Weitere Stellen werden demnach nur nach Abstimmung mit der beratungssuchenden Fachkraft hinzugezogen.

2.2.2.7.2 Einschalten des Jugendamtes

Vor Einschalten der staatlichen Ebene sollten stets alle Möglichkeiten der niedrigschwelligen Abhilfe von Gefährdungen ausgeschöpft sein. Das bedeutet, dass die Situation zunächst mit dem Kind bzw. Jugendlichen und den Eltern bzw. Sorgeberechtigten besprochen werden muss. Dabei sollte bei den Sorgeberechtigten auf eine selbstständige Inanspruchnahme von Hilfen hingewirkt werden. Der Schutz des Kindes darf bei dem Gespräch nicht gefährdet sein, d.h. es darf nicht geführt werden, wenn die Sorgeberechtigen selbst (vermutlich) in die Übergriffe involviert sind. Unterstützung kann die fallverantwortliche Fachkraft in der Vor-

und Nachbereitung der Gespräche sowie zur Risikoeinschätzung der Situation durch eine insoweit erfahrene Fachkraft erhalten (siehe §4 KKG).

Sind niedrigschwellige Abhilfen nicht ausreichend, um die Kindeswohlgefährdung abzuwenden, kann nach §4 KKG Abs. 3 das Jugendamt konsultiert werden. Dieser Schritt sollte mit dem*der Betroffenen sowie mit den Sorgeberechtigten abgeklärt werden, da diesen gegenüber bis auf weiteres eine Schweigepflicht besteht. Ist das Jugendamt offiziell eingeschaltet und besteht hinreichend Anlass, hat die entsprechende Behörde die gesetzliche Pflicht, dem Geschehen nachzugehen. Das Jugendamt agiert dabei im Auftrag des Kinderschutzes und der Bedürfnisse der Betroffenen. Wird es konsultiert (Eine pseudonymisierte Beratung durch eine insoweit erfahrene Fachkraft ist kein Einschalten des Jugendamtes!) und liegen ausreichende und konkrete Hinweise auf eine Gefährdung vor, nehmen Fachpersonen des Jugendamts eine Gefährdungseinschätzung vor. Gegebenenfalls wird eine Fachkonferenz mit allen beteiligten Institutionen einberufen, bei der Maßnahmen abgestimmt werden können. Sollte ein Tätigwerden des Familiengerichts nötig sein, ist es Aufgabe des Jugendamtes, dies in die Wege zu leiten.

2.2.2.7.3 Einschalten der Strafverfolgungsbehörden

Auch Strafverfolgungsbehörden, d.h. die Polizei oder Staatsanwaltschaft, *können* eingeschaltet werden, wenn keine niedrigschwellige Abhilfe bei Kindeswohlgefährdung möglich ist. Eine generelle Anzeigepflicht bei sexuellem Missbrauch besteht in Deutschland jedoch nicht. In größeren Institutionen liegt häufig eine Handlungsleitlinie für die Entscheidung und Umsetzung einer Einschaltung der Strafverfolgungsbehörden vor. Es ist dabei unbedingt zu bedenken, dass der Fokus von Strafverfolgungsbehörden auf der Feststellung und Verfolgung von Rechtsverstößen liegt. Das Wohl des*der Betroffenen ist hier nicht immer vorrangig.

Bei der Entscheidung ist eine offene Kommunikation mit den Betroffenen besonders wichtig. Sie sollten soweit wie möglich in die Entscheidung für oder gegen eine Anzeige miteinbezogen werden, da ohne ihre Mitarbeit eine Strafverfolgung kaum möglich ist. Dafür sollten in einem Gespräch die Erwartungen und Ängste, die der*die Betroffene mit einer Anzeige verbindet, erörtert werden. Ältere Kinder und Jugendliche äußern dabei häufig die meist realistische Einschätzung, zumindest innerhalb der Institution ein „öffentliches Opfer“ zu werden, wenn sie als Zeug*innen aussagen. Aus dem Grund wird eine Anzeige eher abgelehnt. Bei kleineren Kindern ist der Grund einer Einstellung des Ermittlungsverfahrens eher, dass das Kind im Rahmen einer gutachterlichen Stellungnahme als nicht aussagefähig bewertet wird. In der Entscheidung für oder gegen eine Anzeige sollte außerdem beachtet werden, dass es bei einer Strafanzeige zu einer monatelangen zeitlichen Verzögerung kommen kann. Das bedeutet, dass Betroffene Monate nach dem Missbrauch, wenn das Geschehene meist schon aufgearbeitet ist und sich die

Situation wieder beruhigt hat, noch einmal aussagen müssen. Auch das kann eine große Belastung darstellen. Diese mögliche Belastung der Betroffenen muss abgewogen werden mit der Gefahr einer Wiederholung der Tat oder Ausweitung auf andere Kinder und Jugendliche. Besonders in Einrichtungen für Kinder und Jugendliche kann es sein, dass ein Täter bzw. eine Täterin bereits über längere Zeit mehrere Kinder und Jugendliche missbraucht hat. In einem solchen Fall ist der Umgang mit Aussagewünschen der Kinder und dem Verzicht auf eine Anzeige besonders problematisch, da es gleichzeitig um den Schutz anderer Kinder geht.

Eine Arbeitsgruppe des Runden Tisches (Arbeitsgruppe II zum Thema Durchsetzung staatlicher Strafanspruch – Rechtspolitische Folgerungen – Anerkennung des Leidens der Opfer sexuellen Missbrauchs in jeglicher Hinsicht) hat Leitlinien zur Frage der Einschaltung der Strafverfolgungsbehörden formuliert (Abschlussbericht RTKM, 2011). Diese zielen darauf ab, eine Vertuschung von Straftaten durch möglichst frühzeitiges Einschalten der Strafverfolgungsbehörden zu verhindern. Gleichzeitig soll so eine effiziente Strafverfolgung ermöglicht werden. Zudem wird argumentiert, dass gleichgelagerte Straftaten, z. B. Wiederholungstaten oder Übergriffe auf weitere Kinder und Jugendliche, vermieden werden können. Deshalb wird in den Leitlinien empfohlen, die Strafverfolgungsbehörden grundsätzlich zu informieren, wenn Anhaltspunkte für einen sexuellen Übergriff vorliegen. Mitarbeitende, denen Anhaltspunkte vorliegen, sollen unverzüglich die Leitungsebene (soweit nicht involviert) bzw. spezielle Ansprechpersonen innerhalb der Institution informieren. Die Leitungsebene trägt dann die Verantwortung für die Plausibilitätsprüfung und die Entscheidung zur Einschaltung der Strafverfolgungsbehörden. Eine Befragung der Opfer oder erforderliche Maßnahmen hinsichtlich einer Unterbindung der Gefährdung (beispielsweise Versetzungen, ein vorübergehendes Verbot der Dienstgeschäfte oder fristlose Kündigungen) sollen zunächst zurückgestellt werden, um die Ermittlungen der Strafverfolgungsbehörden nicht zu behindern. Gleichzeitig bleibt die Verantwortung für den Schutz des Opfers und möglicher weiterer Personen bei der Institution und ihren Mitarbeitenden.

Ausnahmen, bei denen laut der Leitlinien eine Einschaltung der Strafverfolgungsbehörden zurückgestellt werden kann, sind der Schutz des Opfers, ein entgegenstehender Wille des Opfers oder seiner Erziehungsberechtigten sowie Tatverdächtige im Jugendalter. Zum Schutz des Opfers kann ein Einschalten der Strafverfolgungsbehörden zurückgestellt werden, wenn die körperliche oder psychische Gesundheit des Betroffenen aufgrund einer Meldung an die Strafverfolgungsbehörden gefährdet ist. Diese Entscheidung muss in Absprache mit einer unabhängigen Fachkraft, beispielsweise eine insoweit erfahrene Fachkraft, geprüft werden, um eine Vertuschung im Interesse der Institution zu verhindern. Ist ein entgegenstehender Wille des Opfers oder seiner Erziehungsberechtigten der Grund für das Nicht-Einschalten der Behörden, soll nach den Leitlinien die Notwendigkeit einer Meldung an die Strafverfolgung besprochen und auf diese hingewirkt werden. Der

Leitungsebene wird im Fall einer Zurückstellung der Meldung eine entscheidende Verantwortlichkeit zugeschrieben.

Die beschriebenen Leitlinien zur Einschaltung der Strafverfolgungsbehörden sind kritisch zu sehen, da der Strafverfolgung ein sehr hohes Gewicht im Vergleich zu den Kinderrechten beigemessen wird. Ist der*die Betroffene (noch) nicht bereit für eine Anzeige, ist es zunächst einmal nur schwer möglich, gleichzeitig Maßnahmen zum Schutz des*der mutmaßlichen Betroffenen zu unternehmen und auszuschließen, dass der*die Täter*in davon erfährt, d.h. gewarnt wird. Des Weiteren ist das Wohl des*der Betroffenen über eine effektive Strafverfolgung zu stellen, d.h. es ist abzuwägen und mit dem*der Betroffenen zu besprechen, ob die lange Verfahrensdauer, möglicherweise wiederholte Befragungen, Glaubhaftigkeitsbegutachtungen, wiederholte Konfrontation des*der Betroffenen mit dem*der Täter*in und der Tat sowie ein möglicherweise negativer Verfahrensausgang gewollt und hinsichtlich der psychischen Belastbarkeit zumutbar ist. Bei der Entscheidung ist vor allem das Wohl des*der Betroffenen entscheidend. Hilft eine Anzeige dem*der Betroffenen bei der Bewältigung des Geschehenen oder ist es eher eine zusätzliche Belastung? Diese Frage lässt sich nicht pauschal beantworten und ist im Einzelfall zu entscheiden.

Private und freie Träger *können* sich über eine Selbstverpflichtung an den Leitlinien orientieren. Durch das Bundeskinderschutzgesetz wurde jedoch festgelegt, dass die Bewilligung öffentlicher Mittel sowie einer ggf. erforderlichen Betriebserlaubnis von der Umsetzung solcher Konzepte abhängig gemacht werden soll (vgl. §§45, 74 und 79a SGB VIII). Öffentliche Institutionen, beispielsweise Kitas und Jugendämter, *müssen* dagegen mittels „staatlicher Umsetzungsmaßnahmen" durch die zuständigen übergeordneten Behörden verbindliche Regelungen zur Umsetzung der Leitlinien treffen.

Die Leitlinien zur Einschaltung der Strafverfolgungsbehörden können im Detail im Abschlussbericht des Runden Tisches nachgelesen werden, welcher online unter https://beauftragter-missbrauch.de/presse-service/hintergrundmaterialien/ zu finden ist.

Kommt eine Strafanzeige dennoch in Frage, sollte die Anzeigeerstattung bei speziell geschulten Polizeibeamt*innen stattfinden (sog. Sittendezernate der Kriminalpolizei). Erfahrene und geschulte Beamt*innen können bei der Vernehmung speziell auf die Bedürfnisse aber auch auf sensible Punkte bei sexuell missbrauchten Kindern und Jugendlichen eingehen und Rücksicht nehmen. Außerdem wird durch eine gute und sorgfältige Erstbefragung vermieden, dass der*die Betroffene ein weiteres Mal vernommen werden muss. So kann einerseits verhindert werden, dass sich die Erinnerung des Kindes bzw. Jugendlichen durch Mehrfachbefragungen verfälscht; andererseits wird dem*der Betroffenen eine weitere starke Belastung erspart. Über den aktuellen Stand des Prozesses sollten betroffene Kinder bzw. Jugendliche stets informiert werden. Wird eine Strafverfolgungsbehörde informiert, erfolgen bei sogenannten Offizialdelikten (Delikte bei denen von Amts wegen ermittelt werden muss) auch ohne die Zustimmung der Betroffenen weitergehende Ermittlungen. Dieses Verfahren können mitteilende Personen oder Betroffene nur schwer wieder aufhalten, wenn es einmal angestoßen ist.

Eine Strafanzeige ohne Mitarbeit des*der Betroffenen kann in Betracht gezogen werden, wenn eine Aussage des Opfers für die Strafverfolgung nicht notwendig ist. Dafür müssen ausreichende Anhaltspunkte, Beweise oder Zeugenaussagen vorliegen. Eine mögliche Situation wäre beispielsweise, wenn Spermaspuren, belastbare Zeugenaussagen oder ein glaubhaftes Geständnis im Falle eines Missbrauchs an Kleinkindern vorliegen. Dann wäre eine „Mitarbeit" des betroffenen Kindes nicht notwendig.

Unabhängig davon, ob Anzeige erstattet wird oder nicht, sind alle Beobachtungen und Vorkommnisse zu dokumentieren. Neben schriftlichen Notizen kann auch die Inanspruchnahme einer anonymen Spurensicherung, soweit das vor Ort möglich ist, hilfreich sein. Dabei kann unabhängig von einer Anzeige eine Spurensicherung, also eine gerichtsverwertbare Dokumentation von Verletzungen des Opfers, Spermaspuren etc., stattfinden. Die dabei gesicherten Beweise werden eine bestimmte Zeit lang aufgehoben, wodurch ermöglicht wird, eine Anzeige zu einem späteren Zeitpunkt innerhalb dieser Zeitspanne zu stellen. Eine solche anonyme Spurensicherung ist nicht überall möglich – in Deutschland gibt es nur in einigen Städten diese Option, so z. B. im Institut für Rechtsmedizin an der Universitätsklinik Köln. Ein weiteres Problem sind die Kosten einer solchen Spurensicherung, denn die werden nur von der Staatskasse übernommen, wenn eine Anzeige erstattet wird.

2.2.2.7.4 Psychiatrische, psychologische und ärztliche Hilfe

Psychiatrische, psychologische oder ärztliche Hilfe sollte in Anspruch genommen werden, wenn Betroffene (starke) Belastungssymptome, Eigen- oder Fremdgefährdung aufweisen. In dem Fall können Kinder- und Jugendpsychiater*innen und -psychotherapeut*innen oder die regional zuständige Klinik für Kinder- und Jugendpsychiatrie und -psychotherapie konsultiert werden.

Bei einer Untersuchung durch Ärzte oder Ärztinnen sollte bedacht werden, dass eine (genitale) Untersuchung für das betroffene Kind bzw. Jugendlichen belastend sein kann. Eine Inspektion des ganzen Körpers gehört dennoch nach (vermutlich) erlebter sexueller Gewalt zur grundlegenden Untersuchung dazu. Bei erst kürzlich geschehenem Missbrauch (innerhalb von 48 Stunden) können genitale Verletzungen erkannt und Spermaspuren gesichert werden. Doch auch bei länger zurückliegendem Missbrauch sind möglicherweise noch Misshandlungsspuren erkennbar. Deshalb sollte auf eine körperliche Untersuchung nicht verzichtet werden. Forensisch erfahrene Ärzt*innen oder Rechtsmediziner*innen (beispielsweise in einer rechtsmedizinischen Opferambulanz) haben Erfahrungen in der Untersuchung missbrauchter Kinder und Jugendliche und sollten deshalb für diese Untersuchung aufgesucht werden. Sollte es zu einer Anklage kommen, können die Befunde der Beweisaufnahme dienen.

3 Fallbeispiele

Die nachfolgenden Fallbeispiele sollen Ihnen anhand von typischen Konstellationen das Vorgehen, wie es im Rahmen dieser praktischen Orientierungshilfe empfohlen wird, verdeutlichen. Es wird zunächst jeweils die Ausgangssituation geschildert. Bitte nehmen Sie sich nach dem Lesen dieser Ausgangssituationen einen Augenblick Zeit, um darüber nachzudenken, wie Sie in dieser Situation weiter vorgehen würden. Im Anschluss daran erfolgt die Darstellung eines möglichen Vorgehens (vgl. hierzu auch die vier Flussdiagramme im Anhang ab Seite 95).

Fallbeispiel 1: Emily

Die 10-jährige Emily befindet sich seit zwei Monaten in einer stationären Kinder- und Jugendhilfeeinrichtung. Die Aufnahme in der Einrichtung erfolgte vor dem Hintergrund des Verdachts der Vernachlässigung Emilys durch ihre leiblichen Eltern. Emily fehlte häufig in der Schule, war oft nicht witterungsgemäß gekleidet, hatte kein Pausenbrot dabei. Gegenüber einer Lehrerin hatte sie sich anvertraut, dass ihre Eltern oft nicht zu Hause seien, sie schlecht versorgen würden, auch zu körperlichen Misshandlungen sei es gekommen. Die Eltern hatten der Fremdunterbringung auf Druck des Jugendamts und der Androhung eines Entzugs des Sorgerechts zugestimmt. Emily zeigt sich insgesamt positiv gegenüber der Fremdunterbringung eingestellt, gibt an, dass sie gern in der Einrichtung sei, besteht aber auch auf regelmäßigen Kontakt zu den leiblichen Eltern. An den Wochenenden finden daher regelmäßige unbegleitete Besuchskontakte in den Haushalt der Eltern statt. Im Alltag der Gruppe zeigt Emily sich freundlich, dabei fällt jedoch auch ein distanzgemindertes Verhalten auf. So sucht sie viel körperliche Nähe zu Betreuungspersonen, aber auch zu anderen Kindern und älteren Jugendlichen. Zudem ist sie sehr mitteilungsbedürftig, denkt sich oft Geschichten aus, um die Aufmerksamkeit von Gleichaltrigen und Betreuern zu erhalten. Besonders auffällig ist das Verhalten in den ersten 1 bis 2 Tagen nach den Besuchskontakten. Eines Tages wendet sich ein 8-jähriger Junge an eine Betreuerin der Gruppe und teilt verschämt mit, dass Emily ihm gesagt habe, dass er ihr einen Euro schenken solle, dafür würde sie auch „sein Ding" in den Mund nehmen. Er wolle dies jedoch auf keinen Fall, insbesondere wolle er Emily kein Geld geben.

Die Mitarbeiterin sagt dem Jungen zunächst, dass es gut ist, dass er nicht mitgemacht hat und dass er sich an sie gewandt hat. Sie sichert ihm zu, dass sie sich um die Angelegenheit kümmert und er sich keine Sorgen diesbezüglich machen muss. Sie klärt zudem mit dem Jungen ab, ob es für ihn in Ordnung ist, dass sie Emily auf das Verhalten anspricht. Hier zeigt sich der Junge zunächst etwas zögerlich, stimmt dann jedoch zu, nachdem die Mitarbeiterin ihm zusichern kann, dass das, was er berichtet hat, nicht als Petzen gilt. Außerdem bietet sie ihm an, dass er jederzeit zu ihr kommen kann, wenn er noch Fragen oder weiteren Gesprächsbedarf hat (siehe Kapitel 2.2.2.2.1).

Die Mitarbeiterin ist verunsichert, in wieweit das von dem Jungen beschriebene Verhalten von Emily noch als kindliches, von Neugierde geprägtes sexuelles Verhalten interpretiert werden kann. Nach ihrer Erfahrung geht ein entsprechendes Verhalten, wie Emily es gezeigt hat, darüber hinaus. Aus diesem Grunde berät sie sich zunächst mit ihrer Kollegin, die ebenfalls im Dienst ist (siehe Kapitel 2.2.2.5). Beide kommen zu der Einschätzung, dass zunächst das Gespräch mit Emily gesucht werden sollte, um sie darauf hinzuweisen, dass dieses Verhalten nicht angemessen ist. Die Mitarbeiterin entschließt sich, dieses Gespräch noch am selben Tag zu führen. Dazu bittet sie Emily zu einem Gespräch in das Büro (siehe Kapitel 2.2.2.2.2). Nachdem die Mitarbeiterin zunächst eine entspannte Gesprächsatmosphäre aufgebaut hat, indem sie Emily nach ihrem Tag fragt und Emily sich auch prinzipiell offen für ein Gespräch zeigt, konfrontiert sie Emily damit, dass ein Mitbewohner sich geäußert habe, dass sie ihn aufgefordert habe, ihr ein Euro zu geben und sie dafür „sein Ding" in den Mund nehme. Emily bestreitet, dies getan zu haben. Die Mitarbeiterin erläutert Emily dann, dass sie nicht dabei war, es daher nicht beurteilen kann. Sie klärt Emily jedoch noch einmal über die Gruppenregeln auf, bei der die Grenzen der anderen Kinder geachtet werden. Emily räumt daraufhin wie beiläufig ein, dass sie sowas nicht machen würde, das sowieso nicht gemacht hätte, das nur so gesagt hätte, weil sie ein Euro von dem Mitbewohner habe leihen wollen. Die Mitarbeiterin nutzt die Gelegenheit und fragt nach, was Emily denn überhaupt gemeint habe. Emily zeigt sich dann sehr verschüchtert, gibt an, dass sie darüber nichts sagen wolle. Emily kann jedoch zusichern, dass sie so etwas Ähnliches nicht mehr tun würde.

Die Mitarbeiterin lässt die Situation zunächst so stehen, da sie keine unmittelbare Gefährdung für Kinder in der Einrichtung oder Emily sieht (siehe Kapitel 2.2.2.6). Sie bleibt jedoch unsicher, ob dieses sexualisierte Verhalten von Emily nicht ein Hinweis auf einen erlebten sexuellen Übergriff sein kann. Sie bespricht am nächsten Tag diesen Verdacht mit ihrem Vorgesetzten (siehe Kapitel 2.2.2.5). Da bislang keine weiteren Verhaltensauffälligkeiten bei Emily bemerkt worden sind und auch von den anderen Kindern nichts berichtet wurde, geht man davon aus, dass aktuell für die anderen Bewohner keine unmittelbare Gefahr besteht (siehe Kapitel 2.2.2.6). Man entschließt sich jedoch, Kontakt zu einer insoweit erfahrenen Fachkraft aufzunehmen, um diesen Fall mit ihr zu diskutieren (siehe

Kapitel 2.2.2.7.1). Nach der Schilderung der Situation kommt die kontaktierte insoweit erfahrene Fachkraft zu der Einschätzung, dass das von Emily beschriebene Verhalten tatsächlich möglicherweise eine Folge eines erlebten, möglicherweise auch noch stattfindenden sexuellen Übergriffs sein kann. Allerdings gibt es außer diesem Verhalten keine weiteren Hinweise. Es wird daher empfohlen, Emily bezüglich dieser Auffälligkeiten bei einer Kinder- und Jugendlichenpsychotherapeutin mit dem Ziel vorzustellen, dass nach einem Vertrauensaufbau geklärt werden kann, ob es möglicherweise zu sexuellen Übergriffen in der Familie oder auch außerhalb der Familie gekommen ist oder möglicherweise immer noch kommt.

Nach Einschätzung der insoweit erfahrenen Fachkraft würden die aktuellen Hinweise jedoch nicht ausreichen, die Umgangskontakte zu der leiblichen Familie auszusetzen. Hinzu kommt noch vor dem Hintergrund, dass Emily auf diese Kontakte sehr viel Wert legt (siehe Kapitel 2.2.2.6). Der Vormund des betroffenen Jungen wird über den Vorfall informiert, die Eltern von Emily werden über die Situation zunächst nicht informiert, um zu verhindern, dass diese Emily unter Druck setzen (siehe Kapitel 2.2.2.2.3).

Emily wird in der Folge bei einer Kinder- und Jugendlichenpsychotherapeutin vorgestellt (siehe Kapitel 2.2.2.7.4). Die Therapeutin führt einige psychotherapeutische Gespräche mit Emily, bei denen im Mittelpunkt ihr distanzgemindertes Verhalten steht sowie auch Techniken, wie sie hier eine Verhaltensveränderung bewirken kann. Zudem wird auch die Beziehung zu der Familie thematisiert. Emily gibt nach einigen Stunden gegenüber der Therapeutin auch an, dass sie immer wieder mitbekommen habe, wie ihre Eltern miteinander über Sex gesprochen haben und wie es zu sexuellen Handlungen zwischen den Eltern gekommen sei. Sexuelle Übergriffe ihr gegenüber verneint Emily im Rahmen der Therapie glaubhaft.

Nach Absprache mit Emily werden diese Informationen auch durch die Therapeutin gemeinsam mit der Einrichtung und auch den Eltern besprochen (siehe Kapitel 2.2.2.2.3). Die Eltern zeigen sich diesbezüglich bagatellisierend, können jedoch diese Vorwürfe insgesamt nachvollziehen. Mit den Eltern wird vereinbart, dass im Rahmen der Umgangskontakte keine sexuellen Anspielungen untereinander erfolgen sollen. Darauf können sich die Eltern einlassen. Der von den Eltern stehende Wunsch, dass Emily auch am Wochenende bei Ihnen übernachten kann, wird zunächst zurückgestellt. Darüber hinaus erhalten die Eltern Beratung über das Jugendamt.

Im Laufe der weiteren Unterbringung, der intensivierten Elternarbeit und der begleitenden Therapie nehmen die distanzgeminderten und sexualisierten Verhaltensauffälligkeiten von Emily weiter ab.

Fallbeispiel 2: Anna

Die 15-jährige Anna befindet sich seit mittlerweile zwei Jahren in einer Wohngruppe für Jugendliche. Aufnahmegrund in die Wohngruppe waren ein anhaltender Schulabsentismus sowie Defizite in der Erziehungskompetenz der Eltern. Seit der Zeit der Unterbringung hat Anna eine sehr positive Entwicklung genommen. Gravierende psychopathologische Auffälligkeiten bestehen bei Anna nicht. Am heutigen Tage wendet sich Anna aufgelöst an eine Mitarbeiterin der Wohngruppe. Sie wirkt deutlich belastet, weint, ihr fällt es schwer zu sprechen. Sie berichtet unter Tränen, dass sie gerade im Ausgang mit einem Mitbewohner, Lukas, gewesen sei. Lukas sei 16 Jahre alt. Im Rahmen des Ausganges hätte sie ihn nach einer Zigarette gefragt. Lukas habe ihr diese gegeben. Anschließend sei er ihr sehr nah gekommen, habe ohne vorherige Anzeichen versucht, sie zu küssen, sie habe das zunächst zugelassen. Sie sei durch seinen Annäherungsversuch sehr überrascht gewesen, habe ihn auch nicht zurückweisen wollen, weil er eigentlich immer sehr nett sei. Dann habe er versucht, sie an der Brust anzufassen. Sie habe darauf zunächst nicht reagiert, habe sich jedoch versucht, wegzudrehen. Lukas habe sie jedoch festgehalten. Sie habe ihm gesagt, er solle das lassen, er habe jedoch nicht auf sie gehört, dann auch versucht, ihr die Hose zu öffnen. Dabei habe sie sich dann losreißen können und sei in die Gruppe zurückgelaufen. Sie habe nun große Angst, dass Lukas ihr wieder zu nahekommen könne, brauche dringend Unterstützung.

Die Mitarbeiterin zieht eine Kollegin hinzu. Die Betreuerinnen kümmern sich um Anna und klären mit ihr, inwieweit ein weiterer Unterstützungsbedarf besteht. Anna meldet zurück, dass sie sich in Gegenwart der Betreuerin sicher fühle (siehe Kapitel 2.2.2.3). Die Mitarbeiter der Gruppe gehen davon aus, dass aufgrund des Geschehens ein unmittelbarer Handlungsbedarf besteht. Durch das Verhalten von Lukas sind sie insofern überrascht, dass sie ihm einen sexuellen Übergriff nicht zugetraut hätten (siehe Kapitel 2.2.2.6). Anna wird darüber informiert, dass Lukas mit dem Vorwurf konfrontiert wird, was auch in ihrem Interesse ist. Eine Mitarbeiterin sucht derzeit Lukas in der Wohngruppe. Dieser scheint zunächst noch im Ausgang zu sein, kommt etwas später in die Einrichtung. Die Mitarbeiterin bittet Lukas zum Gespräch und konfrontiert Lukas mit diesen Vorwürfen (siehe Kapitel 2.2.2.2.2). Im Gespräch bestreitet Lukas zunächst die Vorwürfe insofern, dass er angibt, dass alles freiwillig geschehen sei. Er habe Anna geküsst, diese habe den Kuss erwidert, auch als er sie gestreichelt habe, habe sie sich nicht gewehrt und das gemocht. Er sei von ihrer Reaktion sehr überrascht gewesen. Im weiteren Gespräch wirkt Lukas jedoch zunehmend angespannt, gibt an, dass er jetzt gar nichts mehr dazu sagen wolle. Wenn man ihm solche Vorwürfe mache, dann habe alles eh keinen Sinn mehr. Plötzlich springt Lukas auf, läuft aus dem Büro und aus der Einrichtung. Die Mitarbeiterin ist von dieser Reaktion vollkommen überrascht. Da sie das Verhalten von Lukas nicht einschätzen kann und aufgrund der hohen Belastung von Lukas eine Eigengefährdung für möglich hält, informiert sie die Polizei und meldet Lukas als vermisst (siehe Kapitel 2.2.2.4). Die Eltern von Lukas werden ebenfalls informiert (siehe Kapitel 2.2.2.2.3).

Einige Stunden später wird Lukas von der Polizei in der Stadt aufgegriffen. Aufgrund der Äußerung lebensmüder Gedanken wird er von der Polizei unmittelbar in der örtlichen kinder- und jugendpsychiatrischen Klinik vorgestellt. Dort zeigt sich Lukas weiterhin sehr angespannt, nicht auskunftsbereit. Er zeigt sich jedoch mit einer stationären Krisenintervention in der Klinik einverstanden.

Durch die stationäre Krisenintervention ist es zu einer vorübergehenden Entlastung und Entzerrung der Situation in der Gruppe gekommen. Mit den Eltern der Beteiligten wird die Situation geschildert. Anna zeigt sich in den ersten Tagen nach dem Ereignis noch etwas ängstlich und belastet, erholt sich jedoch schnell.

Im Rahmen der nur wenige Tage andauernden Krisenintervention in der Klinik äußert sich Lukas weiterhin nicht zu den Vorfällen oder nur in der Form, dass es einvernehmlich gewesen sei. In der Wohngruppe wird unter den Mitarbeitern das weitere Vorgehen diskutiert (siehe Kapitel 2.2.2.5). Man kommt zu dem Schluss, dass man davon ausgeht, dass das aufgrund des Verhaltens von Lukas eine Rückkehr in die Gruppe kaum möglich ist. Es wird daher vereinbart, dass Lukas in eine andere Jugendhilfegruppe wechselt. Aufgrund des sexuellen Übergriffs ist das Finden einer alternativen geeigneten Gruppe zunächst schwierig (siehe Kapitel 2.2.2.7.2). Es folgt zunächst eine Inobhutnahme in einer anderen Gruppe. Gemeinsam mit dem Jugendamt findet sich dann eine Gruppe, die sich die Arbeit mit Lukas weiter zutraut.

Fallbeispiel 3: Tim

Der 12-jährige Tim wendet sich an einen Mitarbeiter der Wohngruppe, in der er seit mehreren Monaten lebt. Er berichtet, dass der Betreuer Herr M. ihn abends, wenn er im Bett liege, immer streichle. Dabei würde er nicht nur seinen Kopf streicheln, sondern auch den ganzen Körper, auch unten rum. Das habe er jetzt schon ein paar Mal gemacht. Er habe das komisch gefunden, sich aber zunächst nichts dabei gedacht. In der Schule hätten sie jedoch neulich über das Thema Grenzverletzung und Missbrauch gesprochen. Da sei ihm das Ganze komisch vorgekommen. Er habe dann auch einige andere Kinder gefragt, ob Herr M. das auch bei ihnen mache. Zwei weitere Jungen hätten gesagt, dass er das auch schon mal bei ihnen gemacht habe. Er finde das einfach unangenehm, wolle jedoch nicht, dass Herrn M. etwas Schlimmes passiere. Das sei ja immer so ein netter Betreuer, mit dem man auch viel Spaß haben könne. Außerdem habe Herr M. ihm versprochen, dass er mal mit ihm was ganz Besonderes machen würde.

Obwohl der Betreuer über die Aussagen verwundert und auch erschrocken ist, weil er Herrn M. als verlässlichen und kompetenten Kollegen schätzt, nimmt er die Aussagen von Tim sehr ernst. Er dokumentiert zunächst die Aussagen des Kindes (siehe Kapitel 2.2.1.1). Anschließend wendet er sich unmittelbar an seinen Vorgesetzten (siehe Kapitel 2.2.2.5). Gemeinsam mit dem Vorgesetzten entschließt man sich, noch einmal mit Tim zu sprechen. Es wird mit Tim vereinbart, dass man auch die anderen Jungen, mit denen er gesprochen hat, befragt. Zwei weitere Kinder, mit denen man spricht, schildern ähnliche Ereignisse. Den Kindern wird zugesichert, dass man sie unterstützt. Die Kinder werden auch darüber informiert, dass man die Eltern informiert und dafür Sorge tragen wird, dass Herr M. keinen weiteren Kontakt zu ihnen haben wird (siehe Kapitel 2.2.1.2 und Kapitel 2.2.2.2.1). Es erfolgt eine Kontaktaufnahme zu der insofern erfahrenen Fachkraft um die Situation mit dieser zu besprechen (siehe Kapitel 2.2.2.7.1). Gemeinsam mit der insofern erfahrenen Fachkraft kommt man zu dem Schluss, dass die Angaben der befragten Kinder plausibel sind. Man entscheidet sich dann dazu, gegenüber Herrn M. eine Verdachtskündigung auszusprechen. Hierbei wird bewusst in Kauf genommen, dass damit eine Warnfunktion für den mutmaßlichen Täter einhergeht. Gleichzeitig entscheidet man sich auch nach Rücksprache mit den sorgeberechtigten Eltern der Kinder, die Strafverfolgungsbehörden einzuschalten. Man teilt der Staatsanwaltschaft auch mit, dass bereits eine Verdachtskündigung von Herrn M. ausgesprochen worden ist (siehe Kapitel 2.2.2.7.3).

Aufgrund der Tatsache, dass mehrere Kinder in der Einrichtung betroffen sind, entscheidet man sich dazu, auch gegenüber den anderen Eltern in der Einrichtung zu kommunizieren, dass es einen entsprechenden Vorfall gegeben habe und dass alle Maßnahmen ergriffen worden sind, die Kinder zu schützen (siehe Kapitel 2.2.2.2.3). Da von Seiten der Einrichtung nicht abgeschätzt werden kann, inwieweit es auch zu einer anhaltenden Belastung der Kinder gekommen ist, entscheidet man sich zudem, die Kinder bei einem Kinder- und Jugendlichenpsychotherapeuten vorzustellen, um einen eventuellen Therapiebedarf abzuklären (siehe Kapitel 2.2.2.7.4).

Fallbeispiel 4: Julia

Die 13-jährige Julia befindet sich seit drei Monaten in einer Einrichtung der Jugendhilfe. An den Wochenenden ist sie regelmäßig in ihrer Familie. Aufnahmegrund in der Wohngruppe war, dass die Mutter und der Stiefvater, bei denen Julia lebt, sich mit der Erziehung des Kindes überfordert gefühlt haben. Im Alltag zeigt Julia Symptome von oppositionellem Verhalten, immer wieder emotionale Krisen, zum Teil auch selbstverletzendes Verhalten. Insgesamt ist sie jedoch in die Wohngruppe gut integriert. In einem beiläufigen Gespräch mit einer Betreuerin gibt Julia an, dass sie unbedingt etwas erzählen müsse. Sie berichtet dann, dass ihr Stiefvater schon öfters abends zu ihr gekommen sei, sich zu ihr ans Bett gesetzt habe und sie zwischen den Beinen

> angefasst habe. Er habe dann auch gesagt, dass sie seinen Penis anfassen solle. Sie habe das dann auch gemacht, weil sie das Gefühl habe, dass dem Stiefvater das wichtig sei und ihre Mutter den Stiefvater ganz lieb habe. Seit sie in der Wohngruppe sei, sei das eigentlich nicht mehr passiert, allerdings sei am letzten Wochenende, als sie zu Hause gewesen sei, der Stiefvater wieder zu ihr gekommen und habe sie angefasst.

Die Mitarbeiterin sichert Julia zu, sich um ihr Anliegen zu kümmern. Sie klärt zudem ab, ob aktuell, nachdem sie davon berichtet hat, auch Selbstmordgedanken bestehen würden, sowie ob eine besondere psychische Belastung besteht. Dies wird von Julia verneint (siehe Kapitel 2.2.2.3). Die Mitarbeiterin dokumentiert unmittelbar nach dem Gespräch die Angaben von Julia wortgetreu (siehe Kapitel 2.2.1.1). Sie berät sich anschließend mit einer Kollegin und informiert ihren Vorgesetzten (siehe Kapitel 2.2.2.5). Es wird vereinbart, Kontakt zu der insoweit erfahrenen Fachkraft aufzunehmen (siehe Kapitel 2.2.2.7.1). Nach Rücksprache mit dieser werden die Angaben von Julia als glaubhaft und plausibel angesehen. Im Team der Gruppe wird vereinbart, dass Julia an den Wochenenden nicht mehr nach Hause gehen kann. Dies wird auch mit Julia besprochen. Da sie sich aktuell in einer Gruppe befindet, die an den Wochenenden nicht besetzt ist, bedeutet dies aber auch, dass sie an den Wochenenden in eine parallele Gruppe wechseln muss. Diese Entscheidung berührt Julia sehr, sie kann diese jedoch mittragen (siehe Kapitel 2.2.2.2.1). Die Mutter wird zu einem Gespräch in die Gruppe geladen, zu der auch das zuständige Jugendamt eingeladen wird (siehe Kapitel 2.2.2.2.3 sowie Kapitel 2.2.2.7.2). Nach Rücksprache mit Julia werden ihre Angaben der Mutter gegenüber berichtet (siehe Kapitel 2.2.1.2). Die Mutter von Julia, die allein sorgeberechtigt ist, zeigt sich ungläubig und gibt an, dass ihre Tochter lügen würde. Sie gibt an, dass sie mit der Entscheidung, dass Julia die Wochenenden nicht zu Hause verbringen kann, nicht einverstanden sei. Sie gibt an, dass sie Julia deshalb sofort aus der Einrichtung herausnehmen würde. Von der zuständigen Mitarbeiterin des Jugendamtes wird daher das Gespräch mit Julia gesucht. Diese gibt an, dass sie gerne zu Hause leben würde, allerdings sich weiterhin Sorgen mache, dass der Stiefvater übergriffig werden könnte. Da die Mutter keine Gefahr durch den Stiefvater sieht, entscheidet sich das Jugendamt, da es Julias Angaben für nachvollziehbar hält, Julia zunächst in Obhut zu nehmen und beantragt beim Familiengericht eine Übertragung des Aufenthaltsbestimmungsrechts auf das Jugendamt. Das Familiengericht stimmt diesem Antrag zu. Zudem wird ein Ergänzungspfleger für Julia bestellt. Gemeinsam mit diesem erörtert Julia, ob sie gegen ihren Stiefvater Anzeige erstatten möchte. Sie entscheidet sich dagegen, auch weil ihre Mutter ihr droht, dass sie dann den Kontakt zu ihr ganz abbrechen würde (siehe Kapitel 2.2.2.7.3). Julia verbleibt mit Zustimmung des Jugendamtes in der Wohngruppe. Wochenendbesuche zur Mutter finden nicht statt. Es finden jedoch sporadische Kontakte zur Mutter in der Wohngruppe statt. In dem laufenden familiengerichtlichen Verfahren werden das Aufenthaltsbestimmungsrecht, die Gesamtfürsorge sowie das Recht auf Beantragung von Jugendhilfemaßnahmen auf einen Vormund des Jugendamtes übertragen.

Durch den Vormund und die Wohngruppe wird zudem eine Vorstellung Julias bei einem Kinder- und Jugendlichenpsychotherapeuten initiiert (siehe Kapitel 2.2.2.7.4).

Literatur

Abbey, A., Parkhill, M. R., Clinton-Sherrod, A. M. & Zawacki, T. (2007). A comparison of men who committed different types of sexual assault in a community sample. *Journal of interpersonal violence, 22* (12), 1567–1580. http://doi.org/10.1177/0886260507306489

Alaggia, R. (2004). Many ways of telling: Expanding conceptualizations of child sexual abuse disclosure. *Child Abuse & Neglect, 28* (11), 1213–1227. http://doi.org/10.1016/j.chiabu.2004.03.016

Allnock, D. & Miller, P. (2013). *No one noticed, no one heard: a study of disclosures of childhood abuse*. London: NSPCC. Verfügbar unter: https://www.nspcc.org.uk/services-and-resources/research-and-resources/2013/no-one-noticed-no-one-heard/

Allroggen, M. (2015). Sexuelle Übergriffe unter Kindern und Jugendlichen. In J. M. Fegert, U. Hoffmann, E. König, J. Niehues & H Liebhardt (Hrsg.), *Sexueller Missbrauch von Kindern und Jugendlichen* (S. 383–390). Berlin, Heidelberg: Springer.

Allroggen, M. (2016). Sexuelle Gewalt unter Gleichaltrigen: Forschungsstand und Forschungsbedarf. *Trauma & Gewalt, 10* (1), 4–11.

Allroggen, M., Domann, S., Strahl, B., Schloz, C., Fegert, J. M. & Kampert, M. (2016). How much insecurity does security need? The discrepancy in assessing the sense of security of children, adolescents, and caregivers in institutions. *Child & Youth Services, 37,* 381–397.

Allroggen, M., Gerke, J., Rau, T., Fegert, J. M. (2016). *Umgang mit sexueller Gewalt. Eine praktische Orientierungshilfe für pädagogische Fachkräfte in Einrichtungen für Kinder und Jugendliche.* Universitätsklinikum Ulm.

Allroggen, M., Rau, T., Ohlert, J. & Fegert, J. M. (2017). Lifetime prevalence and incidence of sexual victimization of adolescents in institutional care. *Child Abuse & Neglect, 66,* 23–30. http://doi.org/10.1016/j.chiabu.2017.02.015

American Association of University Women (AAUW) (Hrsg.). (2011). *Sexual harassment at school.* Washington, DC: AAUW.

American Psychiatric Association. (2013). *Diagnostic and statistical manual of mental disorders* (5th ed.). Arlington, VA: American Psychiatric Pub. http://doi.org/10.1176/appi.books.9780890425596

Attar-Schwartz, S. (2009). Peer sexual harassment victimization at school: the roles of student characteristics, cultural affiliation, and school factors. *American Journal of Orthopsychiatry, 79* (3), 407–420. http://doi.org/10.1037/a0016553

Averdijk, M., Müller-Johnson, K. & Eisner, M. (2011). *Sexual victimization of children and adolescents in Switzerland. Final report for the UBS Optimus Foundation*. Zürich: UBS Optimus Foundation.

Baier, D. & Pfeiffer, C. (2011). *Jugendliche als Opfer und Täter von Gewalt in Berlin* (Forschungsbericht 114). Hannover: Kriminologisches Forschungsinstitut Niedersachsen e.V. Verfügbar unter http://kfn.de/wp-content/uploads/Forschungsberichte/FB_114.pdf

Bange, D. (2015). Gefährdungslagen und Schutzfaktoren bei Kindern und Jugendlichen in Bezug auf sexuellen Kindesmissbrauch. In J. M. Fegert, U. Hoffmann, E. König, J. Niehues & H Liebhardt (Hrsg.), *Sexueller Missbrauch von Kindern und Jugendlichen* (S. 103–107). Berlin, Heidelberg: Springer. http://doi.org/10.1007/978-3-662-44244-9_10

Barron, I. G. & Topping, K. J. (2010). School-based abuse prevention: Effect on disclosures. *Journal of family violence, 25* (7), 651–659. http://doi.org/10.1007/s10896-010-9324-6

Bentovim, A. (1996). Trauma-organized systems in practice: Implications for work with abused and abusing children and young people. *Clinical Child Psychology and Psychiatry, 1* (4), 513–524. http://doi.org/10.1177/1359104596014004

Bieneck, S., Stadler, L. & Pfeiffer, C. (2011). *Erster Forschungsbericht zur Repräsentativerhebung Sexueller Missbrauch 2011.* Hannover: Kriminologisches Forschungsinstitut Niedersachsen (KFN). Verfügbar unter http://pix.sueddeutsche.de/app/flash/pdf/Erster_Forschungsbericht_sexueller_Missbrauch_2011-1.pdf

Black, D. A., Heyman, R. E. & Smith Slep, A. M. (2001). Risk factors for child physical abuse. *Aggression and violent behavior, 6* (2), 121–188. http://doi.org/10.1016/S1359-1789(00)00021-5

Blanchard, R., Klassen, P., Dickey, R., Kuban, M. E. & Blak, T. (2001). Sensitivity and specificity of the phallometric test for pedophilia in nonadmitting sex offenders. *Psychological assessment, 13* (1), 118–126. http://doi.org/10.1037/1040-3590.13.1.118

Bloom, M. (1996). *Primary Prevention Practices.* Thousand Oaks: Sage.

Boney-McCoy, S. & Finkelhor, D. (1995). Prior victimization: A risk factor for child sexual abuse and for PTSD-related symptomatology among sexually abused youth. *Child Abuse & Neglect, 19* (12), 1401–1421. http://doi.org/10.1016/0145-2134(95)00104-9

Bonner, B., Walker, C. E. & Berliner, L. (1999). *Treatment manual for dynamic group play therapy for children with sexual behavior problems and their parents/caregivers.* Washington, DC: National Clearinghouse on Child Abuse and Neglect.

Borowsky, I. W., Hogan, M. & Ireland, M. (1997). Adolescent sexual aggression: risk and protective factors. *Pediatrics, 100* (6), e7. http://doi.org/10.1542/peds.100.6.e7

Brewin, C. R. & Andrews, B. (2017). Creating memories for false autobiographical events in childhood: A systematic review. *Applied Cognitive Psychology, 31* (1), 2–23. http://doi.org/10.1002/acp.3220

Briere, J. N. & Elliott, D. M. (1994). Immediate and long-term impacts of child sexual abuse. *The future of children, 4,* 54–69. http://doi.org/10.2307/1602523

Brockhaus, U. & Kolshorn, M. (1993). *Sexuelle Gewalt gegen Mädchen und Jungen: Mythen, Fakten, Theorien.* Campus.

Broman-Fulks, J. J., Ruggiero, K. J., Hanson, R. F., Smith, D. W., Resnick, H. S., Kilpatrick, D. G. & Saunders, B. E. (2007). Sexual assault disclosure in relation to adolescent mental health: Results from the National Survey of Adolescents. *Journal of Clinical Child and Adolescent Psychology, 36* (2), 260–266.

Browne, A. & Finkelhor, D. (1986). Impact of child sexual abuse: A review of the research. *Psychological bulletin, 99* (1), 66–77. http://doi.org/10.1037/0033-2909.99.1.66

Bundschuh, C. (2010). *Sexualisierte Gewalt gegen Kinder in Institutionen. Nationaler und internationaler Forschungsstand. Expertise im Rahmen des Projekts „Sexuelle Gewalt gegen Mädchen und Jungen in Institutionen“.* München: Deutsches Jugendinstitut.

Caplan, G. (1961). *Prevention of mental disorders in children: Initial explorations.* New York: Basic.

Centers for Disease Control and Prevention (CDC). *The Public Health Approach to Violence Prevention.* Retrieved January 17, 2017, from www.cdc.gov/violenceprevention/overview/publichealthapproach.html

Chiodo, D., Wolfe, D. A., Crooks, C., Hughes, R. & Jaffe, P. (2009). Impact of sexual harassment victimization by peers on subsequent adolescent victimization and adjustment: A longitudinal study. *Journal of Adolescent Health, 45* (3), 246–252. http://doi.org/10.1016/j.jadohealth.2009.01.006

Collin-Vézina, D., De La Sablonnière-Griffin, M., Palmer, A. M. & Milne, L. (2015). A preliminary mapping of individual, relational, and social factors that impede disclosure of childhood sexual abuse. *Child Abuse & Neglect, 43*, 123–134. http://doi.org/10.1016/j.chiabu.2015.03.010

Collings, S. J., Griffiths, S. & Kumalo, M. (2005). Patterns of disclosure in child sexual abuse. *South African Journal of Psychology, 35* (2), 270–285. http://doi.org/10.1177/008124630503500207

Conen, M.-L. (1995). Sexueller Missbrauch durch Mitarbeiter in stationären Einrichtungen für Kinder und Jugendliche. *Praxis der Kinderpsychologie und Kinderpsychiatrie, 44*(4), 134–140.

Crisma, M., Bascelli, E., Paci, D. & Romito, P. (2004). Adolescents who experienced sexual abuse: Fears, needs and impediments to disclosure. *Child Abuse & Neglect, 28* (10), 1035–1048. http://doi.org/10.1016/j.chiabu.2004.03.015

Dahlberg, L. L. & Krug, E. G. (2002). Violence – a global public health problem. In: E. G. Krug, L. L. Dahlberg & J. A. Mercy (eds.), *World Report on Violence and Health* (pp. 1–21). Geneva: World Health Organization.

Damrow, M. K. (2006). *Sexueller Kindesmissbrauch. Eine Studie zu Präventionskonzepten, Resilienz und erfolgreicher Intervention.* Weinheim, München: Beltz Juventa.

Davies, E. A. & Jones, A. C. (2013). Risk factors in child sexual abuse. *Journal of forensic and legal medicine, 20* (3), 146–150. http://doi.org/10.1016/j.jflm.2012.06.005

Davis, M. K. & Gidycz, C. A. (2000). Child sexual abuse prevention programs: A meta-analysis. *Journal of clinical child psychology, 29* (2), 257–265. http://doi.org/10.1207/S15374424jccp2902_11

DeGue, S., Massetti, G. M., Holt, M. K., Tharp, A. T., Valle, L. A., Matjasko, J. L. & Lippy, C. (2013). Identifying links between sexual violence and youth violence perpetration: New opportunities for sexual violence prevention. *Psychology of violence, 3* (2), 140.

Elsner, K., Hebebrand, J. & König, A. (2008). Sexuell übergriffiges und aggressives Verhalten im Kindesalter Einflüsse entwicklungsrelevanter Faktoren. *Forensische Psychiatrie, Psychologie, Kriminologie, 2* (4), 222–231. http://doi.org/10.1007/s11757-008-0092-6

Fegert, J. M. (2007). Sexueller Missbrauch an Kindern und Jugendlichen. *Bundesgesundheitsblatt-Gesundheitsforschung-Gesundheitsschutz, 50* (1), 78–89. http://doi.org/10.1007/s00103-007-0111-y

Fergusson, D. M., Lynskey, M. T. & Horwood, L. J. (1996). Childhood sexual abuse and psychiatric disorder in young adulthood: I. Prevalence of sexual abuse and factors associated with sexual abuse. *Journal of the American Academy of Child & Adolescent Psychiatry, 35* (10), 1355–1364.

Fineran, S. & Bolen, R. M. (2006). Risk factors for peer sexual harassment in schools. *Journal of interpersonal violence, 21* (9), 1169–1190. http://doi.org/10.1177/0886260506290422

Finkelhor, D. (1984). *Child sexual abuse: New theory and research.* New York: Free Press.

Finkelhor, D. & Baron, L. (1986). Risk factors for child sexual abuse. *Journal of interpersonal violence, 1* (1), 43–71. http://doi.org/10.1177/088626086001001004

Finkelhor, D. & Dziuba-Leatherman, J. (1995). Victimization prevention programs: A national survey of children's exposure and reactions. *Child Abuse & Neglect, 19* (2), 129–139. http://doi.org/10.1016/0145-2134(94)00111-7

Finkelhor, D., Moore, D., Hamby, S. L. & Straus, M. A. (1997). Sexually abused children in a national survey of parents: methodological issues. *Child Abuse & Neglect, 21* (1), 1–9. http://doi.org/10.1016/S0145-2134(96)00127-5

Forbes, G. B. & Adams-Curtis, L. E. (2001). Experiences with sexual coercion in college males and females: Role of family conflict, sexist attitudes, acceptance of rape myths, self-esteem, and the Big-Five personality factors. *Journal of Interpersonal Violence, 16* (9), 865–889.

Franke, I. & Riecher-Rössler, A. (2011). Missbrauch in therapeutischen Beziehungen. *Der Nervenarzt, 82* (9), 1145–1150. http://doi.org/10.1007/s00115-010-3211-5

Gibson, L. E. & Leitenberg, H. (2000). Child sexual abuse prevention programs: do they decrease the occurrence of child sexual abuse? *Child Abuse & Neglect, 24* (9), 1115–1125.

Goldbeck, L. (2015). Auffälligkeiten und Hinweiszeichen bei sexuellem Kindesmissbrauch. In J. M. Fegert, U. Hoffmann, E. König, J. Niehues & H Liebhardt (Hrsg.), *Sexueller Missbrauch von Kindern und Jugendlichen* (S. 145–153). Berlin, Heidelberg: Springer.

Goldbeck, L., Allroggen, M., Münzer, A., Rassenhofer, M. & Fegert, J. M. (2017a). *Sexueller Missbrauch.* Göttingen: Hogrefe.

Goldbeck, L., Allroggen, M., Münzer, A., Rassenhofer, M. & Fegert, J. M. (2017b). *Ratgeber Sexueller Missbrauch. Informationen für Eltern, Lehrer und Erzieher.* Göttingen: Hogrefe.

Goldstein, S. E., Malanchuk, O., Davis-Kean, P. E. & Eccles, J. S. (2007). Risk factors of sexual harassment by peers: A longitudinal investigation of African American and European American adolescents. *Journal of Research on Adolescence, 17* (2), 285–300. http://doi.org/10.1111/j.1532-7795.2007.00523.x

Gordon, R. S., Jr. (1983). An operational classification of disease prevention. *Public health reports, 98* (2), 107.

Hall, G. C. N. & Hirschman, R. (1992). Sexual Aggression against Children A Conceptual Perspective of Etiology. *Criminal Justice and Behavior, 19* (1), 8–23. http://doi.org/10.1177/0093854892019001003

Häuser, W., Schmutzer, G., Brähler, E. & Glaesmer, H. (2011). Misshandlungen in Kindheit und Jugend. *Deutsches Ärzteblatt, 108* (17), 287–294.

Helming, E., Kindler, H., Langmeyer, A., Mayer, M., Mosser, P., Entleitner, C. et al. (2011). *Sexuelle Gewalt gegen Mädchen und Jungen in Institutionen. Abschlussbericht.* München: Deutsches Jugendinstitut. Verfügbar unter: http://www.dji.de/fileadmin/user_upload/bibs/DJIAbschlussbericht_Sexuelle_Gewalt.pdf

Hendriks, J. & Bijleveld, C. C. J. H. (2004). Juvenile sexual delinquents: Contrasting child abusers with peer abusers. *Criminal Behaviour and Mental Health, 14* (4), 238–250. http://doi.org/10.1002/cbm.591

Hunter, S. V. (2011). Disclosure of child sexual abuse as a life-long process: Implications for health professionals. *Australian and New Zealand Journal of Family Therapy, 32* (2), 159–172. http://doi.org/10.1375/anft.32.2.159

Jensen, T. K., Gulbrandsen, W., Mossige, S., Reichelt, S. & Tjersland, O. A. (2005). Reporting possible sexual abuse: A qualitative study on children's perspectives and the context for disclosure. *Child Abuse & Neglect, 29* (12), 1395–1413. http://doi.org/10.1016/j.chiabu.2005.07.004

Jespersen, A. F., Lalumière, M. L. & Seto, M. C. (2009). Sexual abuse history among adult sex offenders and non-sex offenders: A meta-analysis. *Child Abuse & Neglect, 33* (3), 179–192. http://doi.org/10.1016/j.chiabu.2008.07.004

Kemper, T. S. & Kistner, J. A. (2010). An evaluation of classification criteria for juvenile sex offenders. *Sexual Abuse, 22* (2), 172–190.

Kindler, H. (2015). Prävention von sexuellem Missbrauch – Möglichkeiten und Grenzen. In J. M. Fegert, U. Hoffmann, E. König, J. Niehues & H Liebhardt (Hrsg.), *Sexueller Missbrauch von Kindern und Jugendlichen* (S. 351–362). Berlin, Heidelberg: Springer.

Kindler, H., Schmidt-Ndasi, D., Amyna e.V. (Hrsg.). (2011). *Wirksamkeit von Maßnahmen zur Prävention und Intervention im Fall sexueller Gewalt gegen Kinder.* München: Deutsches Jugendinstitut. Zugriff am 17.01.2017. Verfügbar unter http://www.dji.de/fileadmin/user_upload/sgmj/Expertise_Amyna_mit_Datum.pdf

Kogan, S. M. (2004). Disclosing unwanted sexual experiences: Results from a national sample of adolescent women. *Child Abuse & Neglect, 28* (2), 147–165. http://doi.org/10.1016/j.chiabu.2003.09.014

Kuhle, L. F., Grundmann, D. & Beier, K. M. (2015). Sexueller Missbrauch von Kindern: Ursachen und Verursacher. In J. M. Fegert, U. Hoffmann, E. König, J. Niehues & H Liebhardt (Hrsg.), *Sexueller Missbrauch von Kindern und Jugendlichen* (S. 109–129). Berlin, Heidelberg: Springer.

Leeb, R.T., Paulozzi, L., Melanson, C., Simon, T., Arias, I. (2008). *Child Maltreatment Surveillance: Uniform Definitions for Public Health and Recommended Data Elements, Version 1.0.* Atlanta, GA: Centers for Disease Control and Prevention, National Center for Injury Prevention and Control.

London, K., Bruck, M., Ceci, S. J. & Shuman, D. W. (2005). Disclosure of child sexual abuse: What does the research tell us about the ways that children tell? *Psychology, Public Policy, and Law, 11* (1), 194–226.

London, K., Bruck, M., Wright, D. B. & Ceci, S. J. (2008). Review of the contemporary literature on how children report sexual abuse to others: Findings, methodological issues, and implications for forensic interviewers. *Memory, 16* (1), 29–47. http://doi.org/10.1080/09658210701725732

Malloy, L. C., Lyon, T. D. & Quas, J. A. (2007). Filial dependency and recantation of child sexual abuse allegations. *Journal of the American Academy of Child & Adolescent Psychiatry, 46* (2), 162–170. http://doi.org/10.1097/01.chi.0000246067.77953.f7

Marshall, W. L. & Barbaree, H. E. (1990). An integrated theory of the etiology of sexual offending. In W. L. Marshall, D. R. Laws, H. E. Barbaree (eds.), *Handbook of sexual assault: Issues, theories, and treatment of the offender* (pp. 257–275). New York: Springer. http://doi.org/10.1007/978-1-4899-0915-2_15

McElvaney, R., Greene, S. & Hogan, D. (2014). To tell or not to tell? Factors influencing young people's informal disclosures of child sexual abuse. *Journal of interpersonal violence, 29* (5), 928–947. http://doi.org/10.1177/0886260513506281

McMaster, L. E., Connolly, J., Pepler, D. & Craig, W. M. (2002). Peer to peer sexual harassment in early adolescence: A developmental perspective. *Development and psychopathology, 14* (1), 91–105. http://doi.org/10.1017/S0954579402001050

Niehaus, S., Volbert, R. & Fegert, J. M. (2017). *Entwicklungsgerechte Befragung von Kindern in Strafverfahren.* Berlin: Springer. http://doi.org/10.1007/978-3-662-53863-0

Paine, M. L. & Hansen, D. J. (2002). Factors influencing children to self-disclose sexual abuse. *Clinical psychology review, 22* (2), 271–295. http://doi.org/10.1016/S0272-7358(01)00091-5

Paradise, J. E., Rose, L., Sleeper, L. A. & Nathanson, M. (1994). Behavior, family function, school performance, and predictors of persistent disturbance in sexually abused children. *Pediatrics, 93* (3), 452–459.

Pepler, D. J., Craig, W. M., Connolly, J. A., Yuile, A., McMaster, L. & Jiang, D. (2006). A developmental perspective on bullying. *Aggressive behavior, 32* (4), 376–384. http://doi.org/10.1002/ab.20136

Petersen, J. L. & Hyde, J. S. (2009). A longitudinal investigation of peer sexual harassment victimization in adolescence. *Journal of adolescence, 32* (5), 1173–1188. http://doi.org/10.1016/j.adolescence.2009.01.011

Postmus, J. L. (ed.). (2013). *Sexual Violence and Abuse. An Encyclopedia of Prevention, Impacts, and Recovery* (Vol. 2). Santa Barbara: ABC-Clio.

Putnam, F. W. (2003). Ten-year research update review: Child sexual abuse. *Journal of the American Academy of Child & Adolescent Psychiatry, 42* (3), 269–278. http://doi.org/10.1097/00004583-200303000-00006

Rau, T. (2015). *Befragung von Jugendlichen zu sexueller Gewalt in Einrichtungen der Jugendhilfe und Internaten in Deutschland, Sozial Extra, 38* (5), 38–40.

Rau, T., Ohlert, J., Fegert, J. M. & Allroggen, M. (2016). Disclosure von Jugendlichen in Jugendhilfeeinrichtungen und Internaten nach sexueller Gewalterfahrung. *Praxis der Kinderpsychologie und Kinderpsychiatrie, 65* (9), 638–654. http://doi.org/10.13109/prkk.2016.65.9.638

Rispens, J., Aleman, A. & Goudena, P. P. (1997). Prevention of child sexual abuse victimization: a meta-analysis of school programs. *Child Abuse & Neglect, 21* (10), 975–987. http://doi.org/10.1016/S0145-2134(97)00058-6

Runder Tisch Sexueller Kindesmissbrauch in Abhängigkeits- und Machtverhältnissen in privaten und öffentlichen Einrichtungen und im familiären Bereich. (2011). *Abschlussbericht* (im Text zit. als Abschlussbericht RTKM). Zugriff am 27.04.2017. Verfügbar unter: https://www.bmfsfj.de/blob/93204/2a2c26eb1dd477abc63a6025bb1b24b9/abschlussbericht-runder-tisch-sexueller-kindesmissbrauch-data.pdf

Sachser, C., Berliner, L., Holt, T., Jensen, T. K., Jungbluth, N., Risch, E. et al. (2017). International development and psychometric properties of the Child and Adolescent Trauma Screen (CATS). *Journal of affective disorders, 210,* 189–195. http://doi.org/10.1016/j.jad.2016.12.040

Schönbucher, V., Maier, T., Mohler-Kuo, M., Schnyder, U. & Landolt, M. A. (2012). Disclosure of child sexual abuse by adolescents: A qualitative in-depth study. *Journal of Interpersonal Violence, 27* (17), 3486–3513. http://doi.org/10.1177/0886260512445380

Schröttle, M., Hornberg, C., Glammeier, S., Sellach, B., Kavemann, B., Puhe, H. & Zinsmeister, J. (2012). *Lebenssituation und Belastungen von Frauen mit Beeinträchtigungen und Behinderungen in Deutschland – Kurzfassung.* Berlin.

Seto, M. C. & Lalumière, M. L. (2010). What is so special about male adolescent sexual offending? A review and test of explanations through meta-analysis. *Psychological Bulletin, 136* (4), 526–75 http://doi.org/10.1037/a0019700

Simkins, L., Ward, W., Bowman, S., Rinck, C. M. & De Souza, E. (1990). Predicting treatment outcome for child sexual abusers. *Annals of sex research, 3* (1), 21–57. http://doi.org/10.1177/107906329000300102

Steinberg, A. M., Brymer, M. J., Decker, K. B. & Pynoos, R. S. (2004). The University of California at Los Angeles post-traumatic stress disorder reaction index. *Current psychiatry reports, 6* (2), 96–100. http://doi.org/10.1007/s11920-004-0048-2

Steine, I. M., Harvey, A. G., Krystal, J. H., Milde, A. M., Grønli, J., Bjorvatn, B. et al. (2012). Sleep disturbances in sexual abuse victims: A systematic review. *Sleep medicine reviews, 16* (1), 15–25. http://doi.org/10.1016/j.smrv.2011.01.006

Tharp, A. T., DeGue, S., Valle, L. A., Brookmeyer, K. A., Massetti, G. M. & Matjasko, J. L. (2013). A systematic qualitative review of risk and protective factors for sexual violence perpetration. *Trauma, Violence & Abuse, 14* (2), 133–167. http://doi.org/10.1177/1524838012470031

Topping, K. J. & Barron, I. G. (2009). School-based child sexual abuse prevention programs: A review of effectiveness. *Review of Educational Research, 79* (1), 431–463. http://doi.org/10.3102/0034654308325582

Unabhängiger Beauftragter für Fragen des sexuellen Kindesmissbrauchs (UBSKM). (2015). *Präventive Erziehung. Prävention beginnt im Alltag.* Zugriff am 11.04.2017. Verfügbar unter https://beauftragter-missbrauch.de/praevention/praeventive-erziehung/

Ullman, S. E. (2002). Social reactions to child sexual abuse disclosures: A critical review. *Journal of child sexual abuse, 12* (1), 89–121. http://doi.org/10.1300/J070v12n01_05

Westcott, H. L. & Jones, D. P. (1999). Annotation: The abuse of disabled children. *Journal of Child Psychology and Psychiatry, 40* (4), 497–506. http://doi.org/10.1111/1469-7610.00468

Whitaker, D. J., Le, B., Hanson, R. K., Baker, C. K., McMahon, P. M., Ryan, G. et al. (2008). Risk factors for the perpetration of child sexual abuse: A review and meta-analysis. *Child Abuse & Neglect, 32* (5), 529–548. http://doi.org/10.1016/j.chiabu.2007.08.005

Williams, T., Connolly, J., Pepler, D. & Craig, W. (2005). Peer victimization, social support, and psychosocial adjustment of sexual minority adolescents. *Journal of Youth and Adolescence, 34* (5), 471–482. http://doi.org/10.1007/s10964-005-7264-x

Wilson, D. R. (2010). Health consequences of childhood sexual abuse. *Perspectives in psychiatric care, 46* (1), 56–64. http://doi.org/10.1111/j.1744-6163.2009.00238.x

Wolff, M., Schröer, W., Fegert, J. M. (Hrsg.). (2017). *Schutzkonzepte in Theorie und Praxis. Ein beteiligungsorientiertes Werkbuch.* Weinheim, Basel: Beltz Juventa.

World Health Organization. (1999). *The world health report 1999. Making a difference.* Geneva: World Health Organization.

Worling, J. R. (1995). Sexual abuse histories of adolescent male sex offenders: differences on the basis of the age and gender of their victims. *Journal of abnormal psychology, 104* (4), 610. http://doi.org/10.1037/0021-843X.104.4.610

Wurtele, S. K. (1998). School-based child sexual abuse prevention programs. In J. R. Lutzker (ed.), *Handbook of child abuse research and treatment* (pp. 501–516). New York: Springer US.

Wurtele, S. K. (2008). Behavioral approaches to educating young children and their parents about child sexual abuse prevention. *Journal of Behavior Analysis of Offender and Victim Treatment and Prevention, 1,* 52–64. http://doi.org/10.1037/h0100434

Young, A. M., King, L., Abbey, A. & Boyd, C. J. (2009). Adolescent peer-on-peer sexual aggression: Characteristics of aggressors of alcohol and non-alcohol-related assault. *Journal of Studies on Alcohol and Drugs, 70* (5), 700–703. http://doi.org/10.15288/jsad.2009.70.700

Zollner, H., Fuchs, K. A. & Fegert, J. M. (2014). Prevention of sexual abuse: improved information is crucial. *Child and adolescent psychiatry and mental health, 8* (1), 5. http://doi.org/10.1186/1753-2000-8-5

Anhang

Abkürzungsverzeichnis

AAUW	American Association of University Women
APA	American Psychiatric Association
BBG	Bundesbeamtengesetz
BeamtStG	Gesetz zur Regelung des Statusrechts der Beamtinnen und Beamten in den Ländern (Beamtenstatusgesetz)
CDC	Centers for Disease Control and Prevention
KKG	Gesetz zur Kooperation und Information im Kinderschutz
PSM	Professional Sexual Misconduct
PTBS	Posttraumatische Belastungsstörung
RTKM	Runder Tisch „Sexueller Kindesmissbrauch in Abhängigkeits- und Machtverhältnissen in privaten und öffentlichen Einrichtungen und im familiären Bereich"
SGB	Sozialgesetzbuch
StGB	Strafgesetzbuch
UBSKM	Unabhängiger Beauftragter für Fragen des sexuellen Kindesmissbrauchs
WHO	World Health Organization

Arbeitshilfe: Ansprechpersonen

Die Kontaktdaten wichtiger Ansprechpersonen sollten schon zusammengetragen werden, bevor es zu (Verdachts-)Fällen sexueller Gewalt kommt. So wird das Handeln im Bedarfsfall erleichtert.

	Anschrift	Ansprech-personen	Telefon
	www.kinderschutz-zentren.de		
Spezialisierte Fachberatungsstelle			
Zuständige insofern erfahrene Fachkraft			
Jugendamt-mitarbeiter*in			
Fachkundige*r Polizeimitarbeiter*in für den Fall einer Anzeige			
Kinder- und Jugendpsychiatrie und Psychotherapie			
Weitere Unterstützungs-möglichkeiten			

Handlungsschritte in Kürze – Vier Flussdiagramme

Im Folgenden werden vier Flussdiagramme dargestellt, die für verschiedene Ausgangslagen das Vorgehen grafisch veranschaulichen. Flussdiagramm 1 zeigt in knapper Form welche Handlungsschritte grundsätzlich zu beachten sind.

Die Flussdiagramme 2 bis 4 stellen eine Orientierungshilfe in akuten Situationen dar,

- in denen der Verdacht eines sexuellen Übergriffs besteht,
- jemand spontan von sexueller Gewalt berichtet oder
- eine solche Situation beobachtet wird.

Die einzelnen Schritte beschreiben ein mögliches Vorgehen, das jedoch je nach individuellem Fall variieren kann.

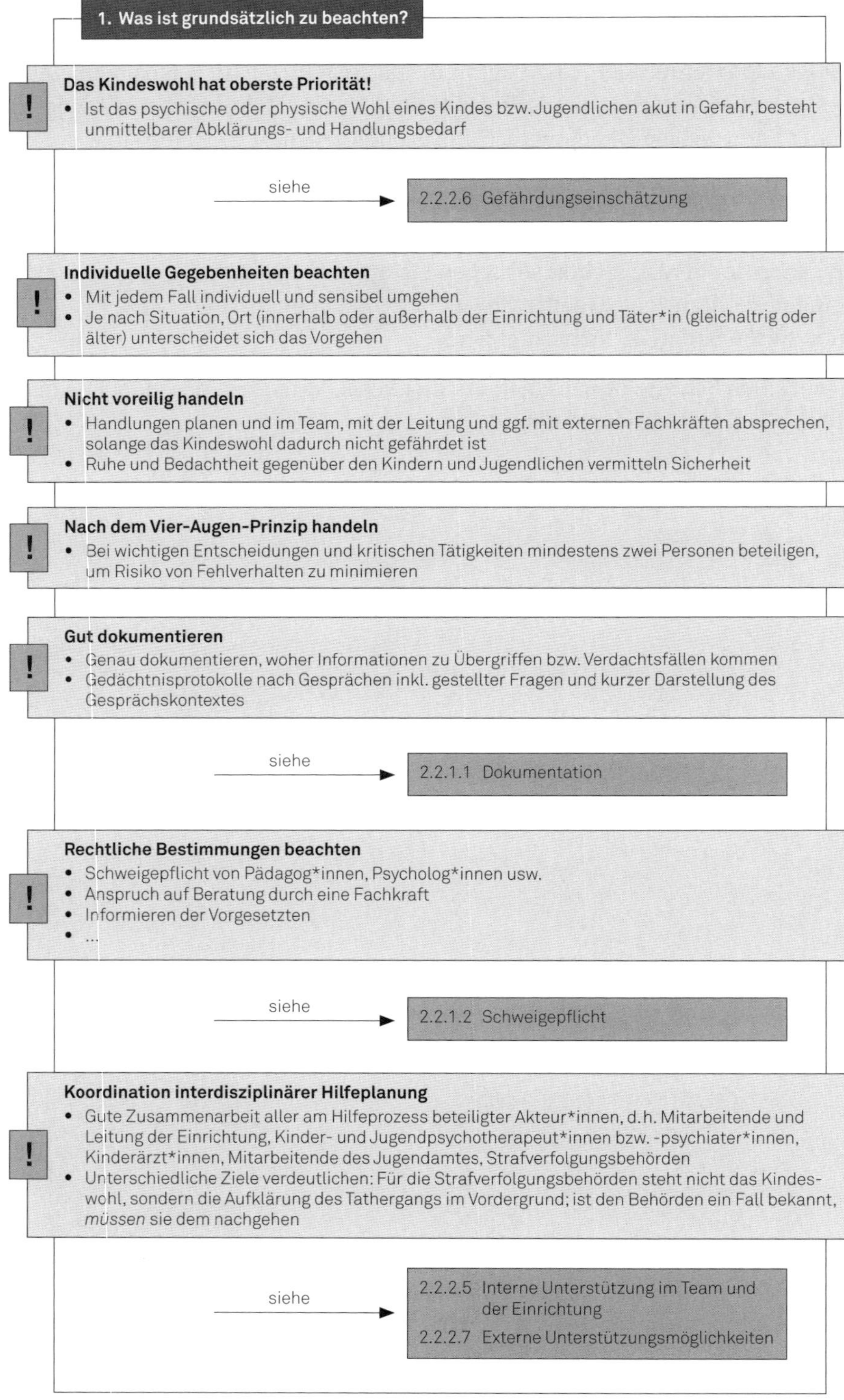

1. Was ist grundsätzlich zu beachten?

! **Das Kindeswohl hat oberste Priorität!**
- Ist das psychische oder physische Wohl eines Kindes bzw. Jugendlichen akut in Gefahr, besteht unmittelbarer Abklärungs- und Handlungsbedarf

siehe → 2.2.2.6 Gefährdungseinschätzung

! **Individuelle Gegebenheiten beachten**
- Mit jedem Fall individuell und sensibel umgehen
- Je nach Situation, Ort (innerhalb oder außerhalb der Einrichtung und Täter*in (gleichaltrig oder älter) unterscheidet sich das Vorgehen

! **Nicht voreilig handeln**
- Handlungen planen und im Team, mit der Leitung und ggf. mit externen Fachkräften absprechen, solange das Kindeswohl dadurch nicht gefährdet ist
- Ruhe und Bedachtheit gegenüber den Kindern und Jugendlichen vermitteln Sicherheit

! **Nach dem Vier-Augen-Prinzip handeln**
- Bei wichtigen Entscheidungen und kritischen Tätigkeiten mindestens zwei Personen beteiligen, um Risiko von Fehlverhalten zu minimieren

! **Gut dokumentieren**
- Genau dokumentieren, woher Informationen zu Übergriffen bzw. Verdachtsfällen kommen
- Gedächtnisprotokolle nach Gesprächen inkl. gestellter Fragen und kurzer Darstellung des Gesprächskontextes

siehe → 2.2.1.1 Dokumentation

! **Rechtliche Bestimmungen beachten**
- Schweigepflicht von Pädagog*innen, Psycholog*innen usw.
- Anspruch auf Beratung durch eine Fachkraft
- Informieren der Vorgesetzten
- …

siehe → 2.2.1.2 Schweigepflicht

! **Koordination interdisziplinärer Hilfeplanung**
- Gute Zusammenarbeit aller am Hilfeprozess beteiligter Akteur*innen, d. h. Mitarbeitende und Leitung der Einrichtung, Kinder- und Jugendpsychotherapeut*innen bzw. -psychiater*innen, Kinderärzt*innen, Mitarbeitende des Jugendamtes, Strafverfolgungsbehörden
- Unterschiedliche Ziele verdeutlichen: Für die Strafverfolgungsbehörden steht nicht das Kindeswohl, sondern die Aufklärung des Tathergangs im Vordergrund; ist den Behörden ein Fall bekannt, *müssen* sie dem nachgehen

siehe → 2.2.2.5 Interne Unterstützung im Team und der Einrichtung
2.2.2.7 Externe Unterstützungsmöglichkeiten

2. Was ist bei einem Verdacht auf einen sexuellen Übergriff zu tun?

Krise oder Eigen-/Fremdgefährdung bei betroffenem Kind bzw. Jugendlichen

- Psychotherapeutische oder ärztliche Hilfe hinzuziehen
- In nicht zu bewältigenden Situationen Krankenwagen bzw. Polizei hinzuziehen
- Wenn keine Eigen-/Fremdgefährdung: Angebot an Kind bzw. Jugendlichen, sich jederzeit zu melden

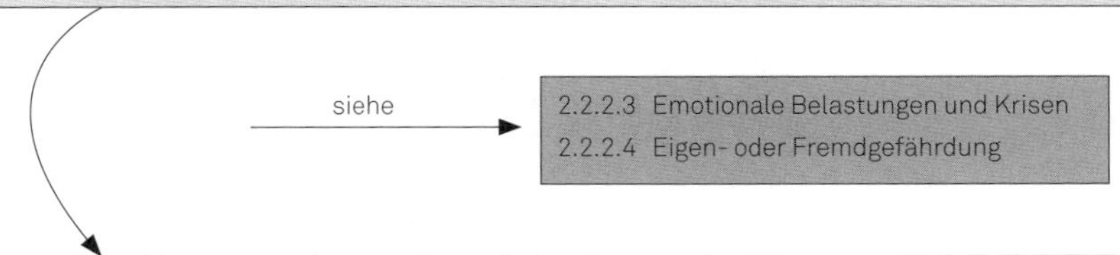

Informieren der Einrichtungsleitung und Absprache im Team

- Einrichtungsleitung informieren soweit nicht (vermutlich) involviert
- Besprechen der Situation mit Kolleg*innen
- Bei vermutetem Übergriff durch Kolleg*innen: an Leitung wenden

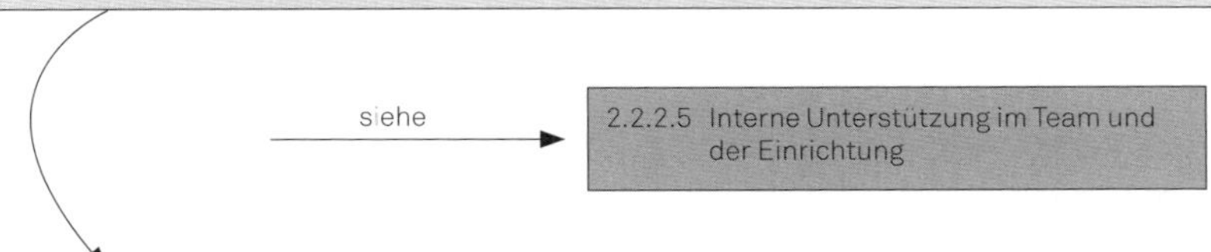

Gefährdungseinschätzung

- Leitung muss Gefahr einschätzen und abwenden
- Je nach Schweregrad Gespräch mit der übergriffigen Person oder (zeitweise) Entlassung/Beurlaubung; dies gilt sowohl für minderjährige als auch für erwachsene Täter*innen
- Abklärung möglicher weiterer Opfer

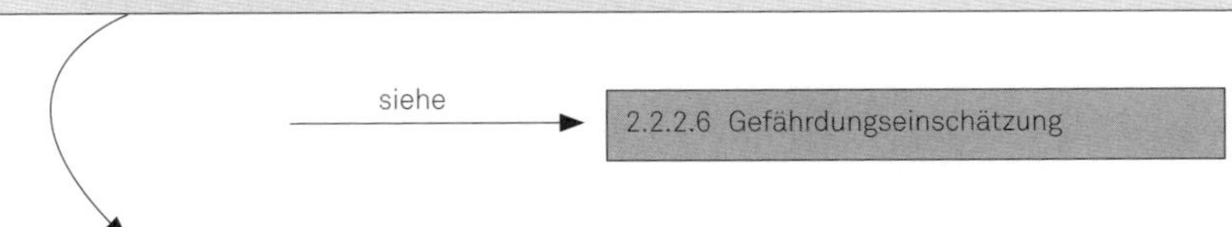

Hinzuziehen einer Fachberatung

- Unabhängige Fachkraft zur pseudonymisierten Beratung hinzuziehen
- Insoweit erfahrene Fachkraft (§8a SGB VIII) oder Fachkraft aus Kinderschutz-Zentrum

siehe → 2.2.2.7.1 Insoweit erfahrene Fachkraft

Gespräch mit dem betroffenen Kind bzw. Jugendlichen

- Gut vorbereiten
- Geschützter, ruhiger Rahmen
- Keine Suggestionen
- Gespräch sollte eine emotional belastbare Vertrauensperson führen

siehe → 2.2.2.2 Gesprächsführung

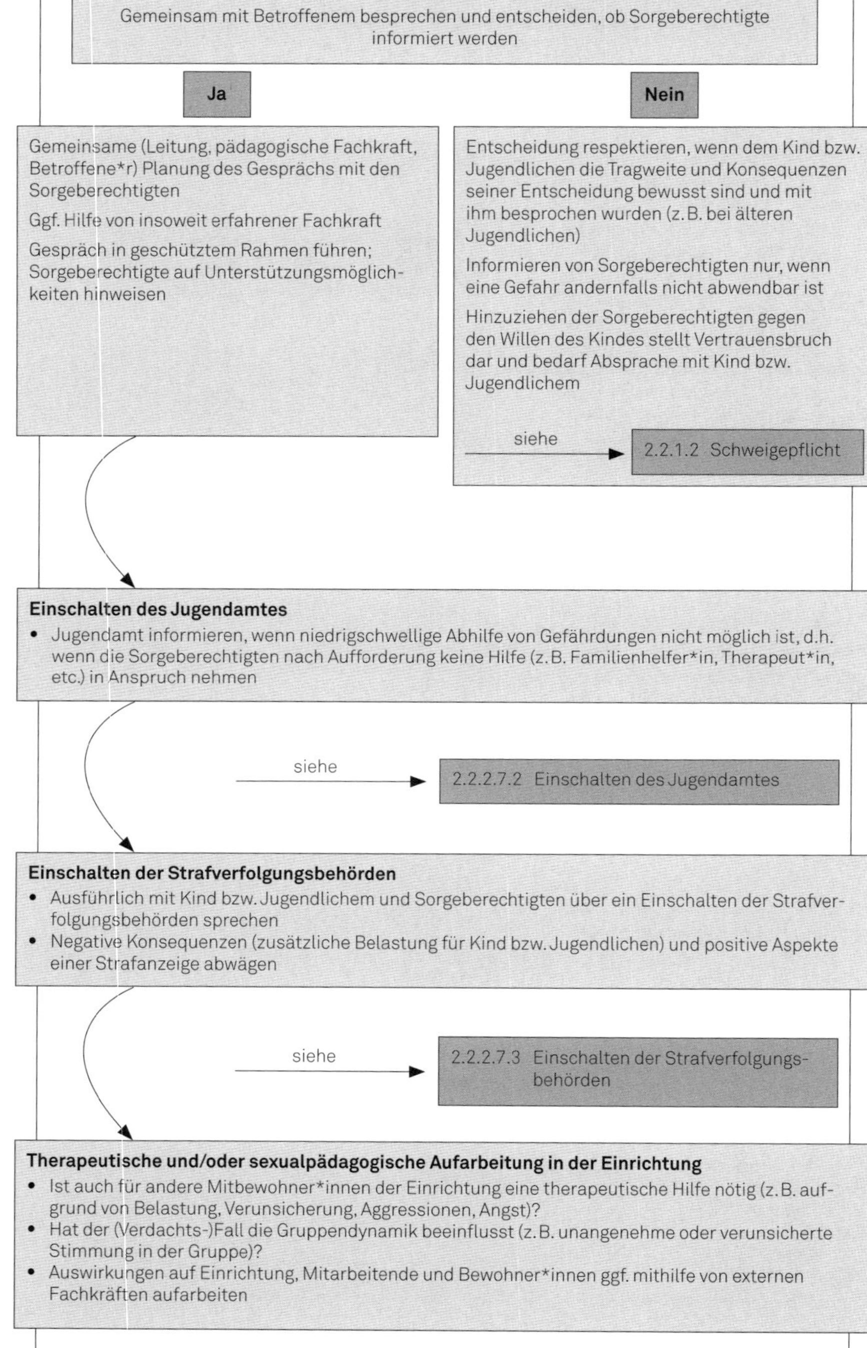
Gemeinsam mit Betroffenem besprechen und entscheiden, ob Sorgeberechtigte informiert werden
Ja
Nein
Gemeinsame (Leitung, pädagogische Fachkraft, Betroffene*r) Planung des Gesprächs mit den Sorgeberechtigten
Ggf. Hilfe von insoweit erfahrener Fachkraft
Gespräch in geschütztem Rahmen führen; Sorgeberechtigte auf Unterstützungsmöglichkeiten hinweisen
Entscheidung respektieren, wenn dem Kind bzw. Jugendlichen die Tragweite und Konsequenzen seiner Entscheidung bewusst sind und mit ihm besprochen wurden (z. B. bei älteren Jugendlichen)
Informieren von Sorgeberechtigten nur, wenn eine Gefahr andernfalls nicht abwendbar ist
Hinzuziehen der Sorgeberechtigten gegen den Willen des Kindes stellt Vertrauensbruch dar und bedarf Absprache mit Kind bzw. Jugendlichem
siehe
2.2.1.2 Schweigepflicht
Einschalten des Jugendamtes
• Jugendamt informieren, wenn niedrigschwellige Abhilfe von Gefährdungen nicht möglich ist, d.h. wenn die Sorgeberechtigten nach Aufforderung keine Hilfe (z. B. Familienhelfer*in, Therapeut*in, etc.) in Anspruch nehmen
siehe
2.2.2.7.2 Einschalten des Jugendamtes
Einschalten der Strafverfolgungsbehörden
• Ausführlich mit Kind bzw. Jugendlichem und Sorgeberechtigten über ein Einschalten der Strafverfolgungsbehörden sprechen
• Negative Konsequenzen (zusätzliche Belastung für Kind bzw. Jugendlichen) und positive Aspekte einer Strafanzeige abwägen
siehe
2.2.2.7.3 Einschalten der Strafverfolgungsbehörden
Therapeutische und/oder sexualpädagogische Aufarbeitung in der Einrichtung
• Ist auch für andere Mitbewohner*innen der Einrichtung eine therapeutische Hilfe nötig (z. B. aufgrund von Belastung, Verunsicherung, Aggressionen, Angst)?
• Hat der (Verdachts-)Fall die Gruppendynamik beeinflusst (z. B. unangenehme oder verunsicherte Stimmung in der Gruppe)?
• Auswirkungen auf Einrichtung, Mitarbeitende und Bewohner*innen ggf. mithilfe von externen Fachkräften aufarbeiten

3. Was ist zu tun, wenn ein Kind spontan von sexuellen Übergriffen berichtet?

Gespräch mit dem betroffenen Kind bzw. Jugendlichen

- Auf Kind bzw. Jugendlichen eingehen; angesprochene Fachkraft wurde als Vertrauensperson gewählt, sollte das Gespräch also auch führen
- Gespräch zum nächst möglichen Zeitpunkt in einem ruhigen und sicheren Rahmen fortsetzen; am besten sofort, auf jeden Fall am gleichen Tag
- Keine Verschwiegenheit versichern
- Genau klären, mit *wem* der Vorfall besprochen wird (Absprache mit Leitung, pseudonymisierte Beratung durch insoweit erfahrene Fachkraft)

siehe → 2.2.2.2 Gesprächsführung

Gemeinsam mit Betroffenem besprechen und entscheiden, ob Sorgeberechtigte informiert werden

Ja

Gemeinsame (Leitung, pädagogische Fachkraft, Betroffene*r) Planung des Gesprächs mit den Sorgeberechtigten

Ggf. Hilfe von insoweit erfahrener Fachkraft

Gespräch in geschütztem Rahmen führen; Sorgeberechtigte auf Unterstützungsmöglichkeiten hinweisen

Nein

Entscheidung respektieren, wenn dem Kind bzw. Jugendlichen die Tragweite und Konsequenzen seiner Entscheidung bewusst sind und mit ihm besprochen wurden (z. B. bei älteren Jugendlichen)

Informieren von Sorgeberechtigten nur, wenn eine Gefahr andernfalls nicht abwendbar ist.

Hinzuziehen der Sorgeberechtigten gegen den Willen des Kindes stellt Vertrauensbruch dar und bedarf Absprache mit Kind bzw. Jugendlichem

siehe → 2.2.1.2 Schweigepflicht

Im Gespräch klären, ob eine emotionale Krise oder die Gefahr einer Eigen- bzw. Fremdgefährdung besteht

Ja

- Psychotherapeutische oder ärztliche Hilfe hinzuziehen
- In Situationen, die nicht alleine zu bewältigen sind: Krankenwagen bzw. Polizei

Nein

- Wenn Betroffene*r verneint, Angebot an Kind bzw. Jugendlichen, sich jederzeit zu melden
- Absprache im Team

siehe → 2.2.2.3 Emotionale Belastungen und Krisen; 2.2.2.4 Eigen- oder Fremdgefährdung

Informieren der Einrichtungsleitung und Absprache im Team

- Einrichtungsleitung informieren soweit nicht (vermutlich) involviert
- Besprechen der Situation mit Kolleg*innen
- Bei vermutetem Übergriff durch Kolleg*innen: an Leitung wenden

siehe → 2.2.2.5 Interne Unterstützung im Team und der Einrichtung

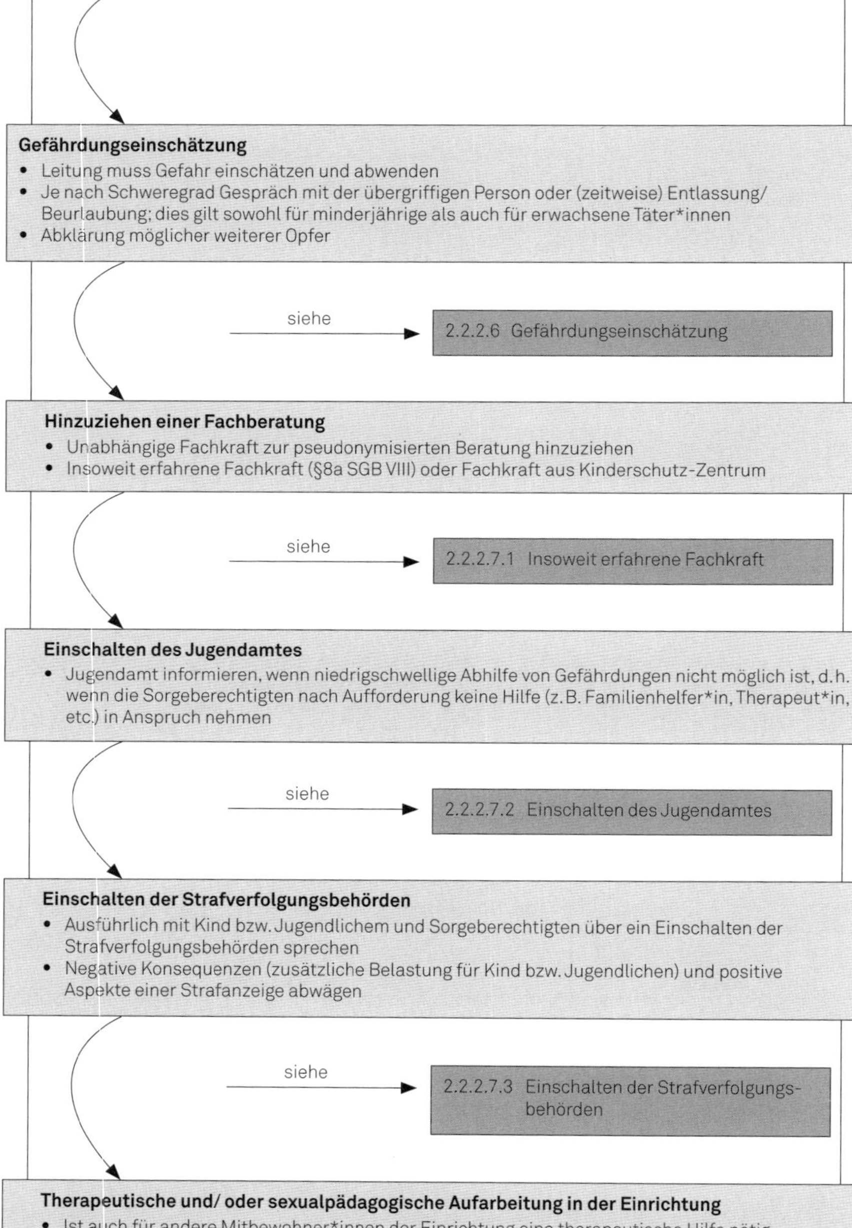
Gefährdungseinschätzung
- Leitung muss Gefahr einschätzen und abwenden
- Je nach Schweregrad Gespräch mit der übergriffigen Person oder (zeitweise) Entlassung/ Beurlaubung; dies gilt sowohl für minderjährige als auch für erwachsene Täter*innen
- Abklärung möglicher weiterer Opfer
siehe
2.2.2.6 Gefährdungseinschätzung
Hinzuziehen einer Fachberatung
- Unabhängige Fachkraft zur pseudonymisierten Beratung hinzuziehen
- Insoweit erfahrene Fachkraft (§8a SGB VIII) oder Fachkraft aus Kinderschutz-Zentrum
siehe
2.2.2.7.1 Insoweit erfahrene Fachkraft
Einschalten des Jugendamtes
- Jugendamt informieren, wenn niedrigschwellige Abhilfe von Gefährdungen nicht möglich ist, d.h. wenn die Sorgeberechtigten nach Aufforderung keine Hilfe (z.B. Familienhelfer*in, Therapeut*in, etc.) in Anspruch nehmen
siehe
2.2.2.7.2 Einschalten des Jugendamtes
Einschalten der Strafverfolgungsbehörden
- Ausführlich mit Kind bzw. Jugendlichem und Sorgeberechtigten über ein Einschalten der Strafverfolgungsbehörden sprechen
- Negative Konsequenzen (zusätzliche Belastung für Kind bzw. Jugendlichen) und positive Aspekte einer Strafanzeige abwägen
siehe
2.2.2.7.3 Einschalten der Strafverfolgungsbehörden
Therapeutische und/ oder sexualpädagogische Aufarbeitung in der Einrichtung
- Ist auch für andere Mitbewohner*innen der Einrichtung eine therapeutische Hilfe nötig (z.B. aufgrund von Belastung, Verunsicherung, Aggressionen, Angst)?
- Hat der (Verdachts-)Fall die Gruppendynamik beeinflusst (z.B. unangenehme oder verunsicherte Stimmung in der Gruppe)
- Auswirkungen auf Einrichtung, Mitarbeitende und Bewohner*innen ggf. mithilfe von externen Fachkräften aufarbeiten

4. Was ist bei Beobachtung eines sexuellen Übergriffs zu tun?

Stellung beziehen und einschreiten

- Sexuelle Handlungen, die nicht im Einvernehmen geschehen, sofort unterbrechen; dazu zählen bereits Berührungen und Küsse
- Äußern, dass ein solches sexuell übergriffiges Verhalten in keinem Fall toleriert wird, wobei das Verhalten und nicht die Person selbst abgelehnt wird
- Das betroffene Kind hat keine Mitverantwortung, d.h. Sätze wie „Dazu gehören immer zwei" oder Fragen, warum das Kind sich nicht gewehrt habe, vermeiden

siehe → 2.2.2.1 Intervention bei Beobachtung einer unangemessenen Situation

Weiter bei „3. Was ist zu tun, wenn ein Kind spontan von sexuellen Übergriffen berichtet?"

Informationen, Anlaufstellen, Materialien und hilfreiche Literatur für Fachkräfte

www.hilfeportal-missbrauch.de	Das Hilfeportal Sexueller Missbrauch ist das zentrale Bundesportal für Menschen, die sexuelle Gewalt erlitten haben. Bereit gestellt werden die Informationen auf der Internetseite vom Unabhängigen Beauftragten für Fragen des sexuellen Kindesmissbrauchs (UBSKM), ein Amt der Bundesregierung. Neben vielen Informationen, wird eine Datenbank mit Beratungsstellen in ganz Deutschland für Betroffene sexueller Gewalt und deren Angehörige zu Verfügung gestellt.
www.kein-raum-fuer-missbrauch.de	„Kein Raum für Missbrauch" ist eine Initiative des UBSKM, in der Schutzkonzepte v.a. für Institutionen entwickelt werden sollen, um sexuellen Kindesmissbrauch zu verhindern. Auf der Internetseite werden Infoblätter und andere Materialien zur Verfügung gestellt.
https://elearning-kinderschutz.de/	Die Klinik für Kinder- und Jugendpsychiatrie/Psychotherapie des Universitätsklinikum Ulm bietet für verschiedene Zielgruppen webbasierte Weiterbildungsangebote zum Thema Kinderschutz an, u.a. Angebote zu frühen Hilfen und Interventionen im Kinderschutz für Fachkräfte aus der Jugendhilfe, dem Gesundheitswesen, der Frühförderung und anderen Berufsgruppen in der Arbeit mit Kindern und Jugendlichen.
Gefährdungsanalyse und Schutzkonzepte in Institutionen: https://schutzkonzepte.elearning-kinderschutz.de/ Kinderschutz in Institutionen – Ein Kerncurriculum für Leitungs- und Führungskräfte: https://leitung.elearning-kinderschutz.de/ Projekt ECQAT: https://ecqat.elearning-kinderschutz.de/	Weitere Kurse der Klinik für Kinder- und Jugendpsychiatrie/Psychotherapie Ulm sind die Online-Kurse „Gefährdungsanalyse und Schutzkonzepte in Institutionen" und „Kinderschutz in Institutionen – Ein Kerncurriculum für Leitungs- und Führungskräfte" sowie Kursangebote zu Traumapädagogik und Traumatherapie. Sie wurden im Rahmen des vom Bundesministerium für Bildung und Forschung geförderten Projektes „ECQAT – Entwicklung eines E-Learning-Curriculums zur ergänzenden Qualifikation in Traumapädagogik, Traumatherapie und Entwicklung von Schutzkonzepten und Analyse von Gefährdungsrisiken in Institutionen" entwickelt. Zielgruppen der Kurse sind Fachkräfte aus medizinisch-therapeutischen und pädagogischen Berufsgruppen und Leitungs- und Führungskräfte mit personeller, struktureller oder konzeptioneller Verantwortung von medizinisch-therapeutischen und pädagogischen Einrichtungen.

http://www.diebeteiligung.de/	Die Erziehungshilfefachverbände bieten eine Internetseite rund um das Thema „Beteiligung" an. Dabei geht es um Partizipationsmöglichkeiten von Kindern und Jugendlichen und Fachkräften in der stationären Erziehungshilfe und in anderen Formen der Erziehungshilfe. Auf dieser Seite werden vielfältige Beteiligungsmöglichkeiten aus der Praxis vorgestellt. Daneben bieten themenspezifische Informationen zu aktuellen fachpolitischen, theoretischen und praktischen Handlungs- und Themenfeldern einen guten Überblick über den aktuellen Diskurs.
http://www.comcan.de/	Das Kompetenzzentrum Kinderschutz in der Medizin in Baden-Württemberg bündelt Kompetenzen im Bereich des Kinderschutzes und hat zum Ziel, die Aus-, Fort- und Weiterbildung von Mediziner*innen insbesondere in Baden-Württemberg zu Kinderschutzfragen zu verbessern sowie Forschungsergebnisse für die interdisziplinäre Praxis verfügbar zu machen, z.B. in Zusammenarbeit mit der Jugendhilfe. com.can – Competence Center Child Abuse And Neglect. Klinik für Kinder- und Jugendpsychiatrie und Psychotherapie, Universitätsklinik Ulm.
http://www.deutsche-traumastiftung.de/	Die Deutsche Traumastiftung setzt sich für die Verbesserung der Traumaversorgung durch Bildung und Forschung sowie den Erfahrungsaustausch der Akteure im Bereich der Prävention und Behandlung psychischer und physischer Traumafolgestörungen ein.
www.petze-institut.de	Das PETZE-Institut für Gewaltprävention richtet sich an Mitarbeitende in den Bereichen Kinder-, Jugend- und Behindertenhilfe an Fachkräfte aller Schularten und Kitas, an Eltern und Erziehungsberechtigte und weitere Interessierte. Um den Schutz der Kinder und Jugendlichen zu verbessern, bietet das Institut interaktive *Präventionsausstellungen* zur Ausleihe an. Außerdem finden sich auf der Website viele Unterrichtsmaterialien, themenbezogene Broschüren und Informationsflyer für Fachkräfte und für Mädchen und Jungen.
www.gmk-net.de	Die Gesellschaft für Medienpädagogik und Kommunikationskultur in der Bundesrepublik Deutschland e.V. (GMK) ist ein medienpädagogischer Dach- und Fachverband zur Förderung von Medienpädagogik und Medienkompetenz.

www.internet-beschwerdestelle.de	Die Hotline des Verbands der deutschen Internetwirtschaft e.V. und der Freiwilligen Selbstkontrolle Multimedia-Dienstanbieter e.V. (FSM) nehmen Beschwerden über verschiedene Internetdienste wie soziale Netzwerke, Foren, E-Mail und Spam entgegen.
www.jugendschutz.net	jugendschutz.net wurde 1997 von den Jugendministern aller Bundesländer gegründet, um jugendschutzrelevante Angebote im Internet (so genannte Telemedien) zu überprüfen und auf die Einhaltung von Jugendschutzbestimmungen zu drängen.
www.lehrer-online.de/recht.php	Dieser Bereich von Lehrer-Online bietet praxisorientierte, fundierte Informationen und Hilfestellungen zu rechtlichen Aspekten des Einsatzes digitaler Medien in Bildungskontexten. Es gibt es kostenfreies Downloadangebot für Materialien.
www.polizei-beratung.de/medienangebot/jugendschutz.html www.missbrauch-verhindern.de/	Die Seiten der polizeilichen Kriminalprävention des Bundes und der Länder beinhalten Informationen und Materialien zum Thema „Jugendschutz".
www.innocenceindanger.de/fuer-erzieher/	Innocence in Danger ist eine weltweite Bewegung gegen sexuellen Missbrauch an Kindern und Jugendlichen, insbesondere gegen die Verbreitung von Kinderpornografie durch die digitalen Medien. Eltern und Erzieher*innen finden auf der Website Arbeitsmaterialien, Vorträge, Informationen und Beratungsangebote dazu, wie sie Jugendliche schützen können.
www.bundespruefstelle.de/bpjm/service,did=202208.html	Amtliches Mitteilungsblatt der Bundesprüfstelle für jugendgefährdende Medien (BPjM), in dem die Indizierungslisten zu Filmen, Computer- bzw. Videospielen, Printmedien und Tonträgern veröffentlicht werden.
Telefonnummern: 0800/111 0 111 oder 0800/111 0 222 – alle Anrufe sind kostenfrei!	Die deutsche Telefon Seelsorge ist Tag und Nacht erreichbar, auch an Wochenenden und Feiertagen. Rund 8.000 umfassend ausgebildete ehrenamtliche Mitarbeiter*innen mit vielseitigen Lebens- und Berufskompetenzen stehen Ratsuchenden hier zur Seite.
www.wildwasser.de	Ein dezentraler Zusammenschluss von Fachberatungen bezüglich sexualisierter Gewalt findet sich unter dem Namen Wildwasser. Die Webseite wildwasser.de richtet sich an Betroffene, Angehörige und Fachpersonal und hilft, Beratungsstellen vor Ort zu finden.

www.zartbitter.de	Zartbitter e.V. ist eine Kontakt- und Informationsstelle bezüglich sexueller Gewalt gegen Mädchen und Jungen. Der Verein leistet Präventionsarbeit und bietet vielfältige Informationen zum Thema sexueller Missbrauch sowie Hilfsangebote.
www.dunkelziffer.de	Auch Dunkelziffer e.V. beschäftigt sich mit Fragen des sexuellen Missbrauchs. Dabei bietet der Verein Betroffenen sowie ihren Angehörigen Beratung und/oder Betreuung.
www.dgfpi.de	Die deutsche Gesellschaft für Prävention und Intervention bei Kindesmisshandlung und -vernachlässigung e.V. (DGfPI) ist ein Forum für Fachkräfte. Es bietet diesen Fort- und Weiterbildungen zum Thema sexuelle Gewalt gegen Kinder sowie weitreichende Informationen und Unterstützung für die Praxis.
www.chatten-ohne-risiko.net/erwachsene/	Auf dieser Seite werden Betreuungspersonen und Eltern Hilfestellungen zum sicheren Chatten gegeben, um dabei sexueller Belästigung von Kindern und Jugendlichen präventiv entgegen zu wirken. Die Seite bietet ebenfalls eine Version für Jugendliche.
https://www.bjr.de/themen/praevention/praevention-sexueller-gewalt.html	Der bayrische Jugendring bietet verschiedene Angebote, um Mädchen und Jungen vor sexueller Gewalt zu schützen. Dies geschieht über die Fachberatung Prätect, die weitgehende Schutzmaßnahmen für Jugendverbände zur Verfügung stellt. Dazu gehören u.a. Arbeitsmaterialien, Praxishilfen oder Schulungen.
www.schulische-praevention.de	Das Kinderschutzportal bietet pädagogischen Fachkräften vielfältige Informationen zur Prävention von sexuellem Missbrauch von Kindern und Jugendlichen.
www.kinderserver-info.de	Der Kinderserver bietet Eltern und Erziehungsberechtigten schnell und einfach die Möglichkeit, den Internetzugang für Kinder sicher zu gestalten. Dabei wird für die Kinder ein sicherer Surfraum geschaffen, in dem sie vor gefährlichen Inhalten geschützt und direkt auf kindgerechte Seiten gelenkt werden.
www.schau-hin.info	Die Webseite schau-hin.info bietet Eltern Informationen über den Umgang von Kindern mit Medien, wie beispielsweise dem Internet, sozialen Netzwerken und Online-Spielen. Dabei wird Eltern und Erziehungsberechtigten gezeigt, wie sie Kinder sicher an Medien heranführen und vor gefährlichen Inhalten schützen können.

www.bke.de	Die Bundeskonferenz für Erziehungsberatung e.V. vermittelt Betroffene an Beratungsstellen. Ebenfalls angeboten wird eine psychosoziale Onlineberatung, sowohl für Eltern als auch für Jugendliche.
www.amyna.de	Amyna e.V. bietet im Rahmen des Projekts GrenzwertICH Informationen sowie Beratungen zu sexueller Gewalt unter Kindern und Jugendlichen.
www.bzga.de/infomaterialien/	Die Bundeszentrale für gesundheitliche Aufklärung bietet vielfältige Informationsmaterialien zur Prävention des sexuellen Missbrauchs.
www.profamilia.de	pro familia, die Deutsche Gesellschaft für Familienplanung, Sexualpädagogik und Sexualberatung e.V., bietet vielfältige sexualpädagogische Dienstleistungen für unterschiedliche Zielgruppen an. Die dort tätigen Sexualpädagog*innen unterstützen beispielsweise Institutionen bei der Erstellung eines sexualpädagogischen Konzepts und führen sexualpädagogische Gruppenarbeiten mit und für Kinder und Jugendliche sowie Elternabende etc. durch.

Die folgende Literatur beinhaltet Arbeitshilfen und weiterführende Literatur zum Thema sexuelle Gewalt für pädagogische Fachkräfte.

Bayerischer Jugendring. (2013). *Praxis der Prävention sexueller Gewalt. Konzept und Beispiele für strukturelle und pädagogische Präventionsmethoden in der Jugendarbeit. Arbeitshilfe.* München: bjr. Verfügbar unter: http://www.sjr-heidelberg.de/keinmissbrauch/files/2015/01/Arbeitshilfe-praetec-bjr.pdf

Deegener, G., Deutsche Gesellschaft für Prävention und Intervention bei Kindesmisshandlung und -vernachlässigung e.V. (Hrsg.). (2013). *Zusammenfassende Darstellung über institutionelle Konzepte zur Verhinderung von sexuellem Missbrauch und den anderen Formen der Kindesmisshandlung.* Zugriff am 16.03.2017. Verfügbar unter: https://www.dgfpi.de/tl_files/pdf/bufo/Veroeffentlichungen/InstitutionelleKonzepte_ueberarbeitet_20.03.2013.pdf

Fegert, J., Hoffmann, U., König, E., Niehues, J. & Liebhardt, H. (2015). *Sexueller Missbrauch von Kindern und Jugendlichen: Ein Handbuch zur Prävention und Intervention für Fachkräfte im medizinischen, psychotherapeutischen und pädagogischen Bereich.* Berlin, Heidelberg: Springer.

Fegert, J. M. & Wolff, M. (Hrsg.). (2015). *Kompendium „Sexueller Missbrauch in Institutionen“: Entstehungsbedingungen, Prävention und Intervention.* Weinheim, Basel: Beltz Juventa.

Hochdorf – Evangelische Jugendhilfe im Kreis Ludwigsburg e.V. (Hrsg.). (2010). *„Und wenn es doch passiert …“ Fehlverhalten von Fachkräften in der Jugendhilfe – Ergebnisse eines institutionellen Lernprozesses. Arbeitshilfe.* Remseck am Neckar: Evangelische Jugendhilfe.

Schmitt, A. (1999). Sekundäre Traumatisierung im Kinderschutz. *Praxis der Kinderpsychologie und Kinderpsychiatrie 48,* 411–424.

Wolff, M., Schröer, W. & Fegert, J. M. (Hrsg.). (2017). *Schutzkonzepte in Theorie und Praxis – ein beteiligungsorientiertes Werkbuch.* Weinheim und Basel: Beltz Juventa.

Informationen, Anlaufstellen und Materialien für Jugendliche

www.klicksafe.de	Klicksafe ist eine EU-Initiative für mehr Sicherheit im Netz. Ihr Ziel ist es, Medienkompetenz zu fördern und die Nutzer*innen in einem kompetenten und kritischen Umgang mit Internet und neuen Medien zu unterstützen. Für Jugendliche finden sich hier viele Materialien, Quizze und Informationen zu Rechtsfragen im Netz, Cybermobbing, Sexting und vielem mehr.
www.juuuport.de	juuuport.de ist eine Selbstschutz-Plattform von Jugendlichen für Jugendliche. Wenn sie Probleme im und mit dem Web haben, helfen sich Jugendliche hier gegenseitig. Zudem gibt es jugendliche Scouts, die Ratschläge und Hilfen zu Themen wie Cybermobbing, Abzocke und Datenklau anbieten.
www.save-me-online.de www.nina-info.de Telefonnummer: 0800 22 55 530	Das Online-Beratungsangebot save-me-online.de wendet sich an Jugendliche, die Fragen bezüglich Mobbing in der Schule, Cybermobbing, miesen Anmachen, sexuellen Übergriffen oder der ungewollten Zusendung von Pornos im Internet haben. Das Portal bietet professionelle und kostenlose Beratung an, bei der die Betroffenen anonym bleiben können. Zudem gibt es ein Hilfetelefon zu sexuellem Missbrauch. Betrieben wird es von N.I.N.A. e.V., der nationalen Infoline, Netzwerk und Anlaufstelle zu sexueller Gewalt an Mädchen und Jungen.
www.innocenceindanger.de/fuer-jugendliche/	Innocence in Danger ist eine weltweite Bewegung gegen sexuellen Missbrauch an Kindern und Jugendlichen, insbesondere gegen die Verbreitung von Kinderpornografie durch die digitalen Medien. Jugendliche finden hier Tipps und Tricks für ihre Sicherheit im Netz sowie Antworten zu häufig gestellten Fragen.
www.youngavenue.de	Bei YoungAvenue können Jugendliche mit Gleichaltrigen oder erfahrenen Therapeut*innen über Alltag, Schule und Freizeit chatten und mailen. Es gibt einen virtuellen Info-Bus zu sexueller Gewalt mit vielen hilfreichen Informationen – unter anderem auch zu rechtlichen Fragen.

www.echt-krass.info.de	Echt-Krass ist eine Website des PETZE-Instituts für Gewaltprävention, die sich an Jugendliche richtet und sich mit den Themen sexuelle Selbstbestimmung und sexualisierte Gewalt auseinandersetzt. Sexuelle Übergriffe im Internet werden dabei besonders thematisiert.
www.nummergegenkummer.de Kinder- und Jugendtelefon: 116111 Elterntelefon: 0800 111 0 550	Nummer gegen Kummer e.V. unterhält in Deutschland zwei anonyme telefonische Beratungsangebote: Das Kinder- und Jugendtelefon und das Elterntelefon. Die Telefonberatungsstellen sind auf ganz Deutschland verteilt. Die gewachsene dezentrale Struktur hat den Vorteil, dass eine regionale Anbindung erhalten bleibt und die Berater*innen mit den weiterführenden Hilfemöglichkeiten im Umfeld der Anrufenden vertraut sind.
www.trau-dich.de	trau-dich.de stellt eine interaktive Website dar, auf der sich Kinder und Jugendliche über ihre Rechte informieren können. Zusätzlich bietet die Initiative ein Theaterstück zur Information von Kindern und Jugendlichen über ihre Rechte.
www.kibs.de/	Die Kontakt-Informations- und Beratungsstelle (Kibs) richtet sich an Jungen und junge Männer, die sexuelle Gewalt erlebt haben. Die Initiative bietet diesen telefonische, persönliche und Onlineberatung sowie diverse Unterstützungsangebote an. Dabei hat sie es sich ebenfalls zum Ziel gemacht, das Bewusstsein für männliche Betroffene sexueller Gewalt zu stärken.
www.spass-oder-gewalt.de	Diese Seite informiert Mädchen und Jungen spielerisch zum Thema sexuelle Übergriffe unter Gleichaltrigen. Ebenfalls angeboten wird eine Gruppenarbeit.
https://www.bmjv.de/SharedDocs/Publikationen/DE/Ich_habe_Rechte.pdf?__blob=publicationFile&v=10	Diese Broschüre wurde für Jugendliche erstellt, die entweder selbst schon einmal Verletzte einer Straftat geworden sind oder aber Mädchen und Jungen kennen, die eine solche Situation erleben mussten. Sie ist aber auch für alle Kinder und Jugendlichen bestimmt, die sich darüber informieren möchten, was nach einer Anzeigenerstattung passiert und welche Rolle Verletzte als die oft wichtigsten Zeuginnen und Zeugen im Ermittlungs- und Strafverfahren haben.

Sachregister

§4 KKG 49

A
Aussagegenehmigung 50

B
Beschwerdemanagement 26
Bundeskinderschutzgesetz 49

C
Child Offenders 20
Cyberviktimisierung 12

D
Disclosure 31, 33
Dokumentation 58
Drei-Perspektiven-Modell 14
Dunkelziffer 12

E
Empowerment 36
Erhebungsinstrumente 32
Erleben, dissoziatives 29

F
Fachkraft, insoweit erfahrene 45, 69
Fragen, suggestive 55, 59

G
Gefährdungseinschätzung 66
Geheimniskultur 37
Grooming 19

K
Konzepte, sexualpädagogische 25

L
Leitlinien zur Einschaltung der Strafverfolgungsbehörden 72

M
Machtgefälle 24
Mindeststandards 26, 41, 43

N
Nähe-Distanz-Verhältnis 25, 26

P
Pädophilie 15
Peer Offenders 20
Posttraumatische Belastungsstörung (PTBS) 29
Prävention 34, 37
Professional Sexual Misconduct (PSM) 10

Q
Quatripartite-Modell 14

R
Rechtfertigender Notstand 49
Resilienz 28
Risikoanalyse 42

S
Schutzkonzept 63
Schweigepflicht 45, 48
Sexualerziehung 37
sexuelle Belästigung gegenüber Fachkräften 11
sexuelle Gewalt unter Kindern und Jugendlichen 10
Skalierungsfragen 59
Spurensicherung, anonyme 73
Suggestion 54

V
Verhalten, suizidales 63
Vier-Augen-Prinzip 45
Vier-Faktoren-Modell 14

Z
Zuhören, aktives 55